Liebe Leserin, lieber Leser,

mit diesem Buch haben Sie einen guten Griff getan! Denn egal, was Sie vorhaben – ob Sie modernisieren oder verschönern, ob Sie reparieren oder ein eigenes Möbelstück bauen möchten –, jetzt kann nichts mehr schiefgehen. Die Fachautoren von Europas auflagenstärkstem Do-it-yourself-Magazin „SelberMachen" präsentieren Ihnen Heimwerken auf dem neuesten Stand. Schritt für Schritt werden sämtliche Handgriffe und kleinen Tricks erklärt. Alles, was wir Ihnen hier zeigen, ist vielfach und ausführlich in den Werkstätten von „SelberMachen" getestet und erprobt worden.

Wir wünschen Ihnen viel Freude und Erfolg bei all Ihren Selbermacher-Plänen!

Ulrich Weiß

Praktische Möbel schnell und einfach gebaut

rororo

selber machen

rororo selbermachen
herausgegeben von Wolf Dietrich Laatzen

Die Reihe rororo selbermachen wird produziert von
der Redaktion der Zeitschrift SelberMachen,
Jahreszeiten Verlag, Hamburg

*Autor und Verlag bedanken sich bei allen,
die technische Informationen, Fotos und fachlichen
Rat beigesteuert haben, für die freundliche
Unterstützung bei der Entstehung dieses Buchs.*

*Originalausgabe
Veröffentlicht im Rowohlt Taschenbuch Verlag GmbH,
Reinbek bei Hamburg, Januar 1999*

*Layout Simone Sander
Umschlaggestaltung Walter Hellmann
(Foto: Ariadne Ahrens)
Lithographie Druckformdienst Alphabeta, Hamburg
Satz PostScript Sabon und Frutiger auf
Apple Macintosh, QuarkXPress 3.31
Gesamtherstellung Clausen & Bosse, Leck
Printed in Germany
ISBN 3 499 60318 7*

Inhalt

Mit einfachen Mitteln

Mit ungewöhnlichen Ideen, etwas Geschick und klug gewählten Materialien entstehen in kurzer Zeit nützliche und schöne Möbel.

Wer sich in Hobbykeller oder Werkstatt begibt, um Möbel zu bauen, hat dabei selten Geldsparen im Sinn. Ihm oder ihr geht es um den Spaß am Machen, darum, die wenige freie Zeit mit einer sinnvollen Beschäftigung auszufüllen. Möbel, ob Schrankwand oder Hocker, kann man in jedem Möbelmarkt viel preiswerter erstehen. Selbstbau ist, zumindest unter finanziellen Erwägungen, wenig interessant. Möbel, die in der Werkstatt des Selbermachers entstehen (mitunter mutiert auch die Küche oder ein anderer Wohnraum zur Werkstatt), gibt es in keinem Laden. Besonders praktische und auf den eigenen Bedarf zugeschnittene Konstruktionen – meist aus Holz oder Holzwerkstoffen – sind die bevorzugten Objekte. Und da sind gute Ideen gefragt, und zwar nicht nur für praktische und schöne, sondern auch für schnell und mit einfachen Mitteln realisierbare Lösungen für die vielen „Wohnprobleme".

Bei der Auswahl der Bauvorschläge für das vorliegende Buch haben diese Überlegungen eine wichtige Rolle gespielt. Den Weg in das Buch haben letztlich diejenigen Anleitungen geschafft, die diese Kriterien erfüllen und darüber hinaus durch Originalität überzeugen. Häufig werden Sie auf den nächsten Seiten Bauvorschläge sehen, bei denen bewährte, handelsübliche Produkte durch An- oder Umbauten in gänzlich neue Möbel verwandelt werden. So geschehen mit Blechschränken aus dem Bürobedarf (ab Seite 14), den klassischen Bücherregalen (ab Seite 54) und den

die tollsten Möbel bauen

Minikommoden mit Schüben (ab Seite 114) eines schwedischen Möbelhauses. Sie mögen es gern etwas skurriler? Dann sind die witzigen Kombinationen von Altem mit Neuem das richtige (ab Seite 82). Natürlich finden Sie auch „komplette“ Möbel, vom ersten Sägeschnitt bis zum Schlußanstrich alles selbst gemacht: ein Arbeitsplatz mit Containern, dessen einzelne Komponenten sich platzsparend zum Sideboard zusammenschieben lassen (ab Seite 8). Weiterhin ein besonders schönes und konstruktiv ausgeklügeltes Bord für die Musikanlage, auf dem jedes der edlen Hi-Fi-Geräte einen Ehrenplatz beanspruchen darf (ab Seite 40). Bei Arbeitsplatz und Hi-Fi-Bord ist Ihr handwerkliches Geschick natürlich mehr gefordert, doch keine Sorge: Die detailgenauen Arbeitsanleitungen leiten Sie Schritt für Schritt zur erfolgreichen Realisation. Oder sind es die cleveren Kleinmöbel (ab Seite 104) für ungenutzte Ecken und Nischen in der Wohnung, die zu Ihren erklärten Favoriten zählen? So oder so ist der Spaß beim Blättern und Lesen garantiert – am besten, Sie haben dabei gleich Zollstock und Bleistift parat.

Schnell verwandelt: vom

Sidebord zum Arbeitsplatz

Die Deckplatte ausgeklappt, die Container herausgefahren: viel Platz zum Arbeiten.

Sie sind auf der Suche nach einem praktischen Möbel fürs geliebte Hobby, das wenig Platz braucht? Dann nehmen Sie doch dieses.

Modelle bauen, Kleider nähen, Fotos sortieren oder Briefmarken und Münzen sammeln, nur ein paar Beispiele schöner Freizeitaktivitäten. Nur, wohin mit den Sachen, wenn Küchen- oder Eßtisch gebraucht werden? Alles wieder in Kisten und Kartons laden und beim nächsten Mal wieder Stück für Stück hervorkramen? Die Lösung für solche Probleme ist dieses Möbel mit großzügiger Arbeitsfläche, Ablageflächen auf und viel Stauraum in den Rollcontainern. Und wenn keine Zeit fürs Hobby bleibt oder der Raum anderweitig genutzt wird, entsteht mit wenigen Handgriffen ein schönes Sidebord, das sich unauffällig in jeden Wohnstil integriert.

Dasselbe Möbel macht sich als schmuckes Sidebord ganz klein.

Das standfeste **Tischgestell** wird mit zwei

Die Seiten *des Schranks werden verleimt, lose eingelegte Distanzstreifen (weiß) halten den Raum für die beweglichen Stege der Stützbeine frei.*

Die Stützbeine, *aus zwei Stegen und dem Bein bestehend, werden verleimt und zur Kontrolle anstelle der Distanzstreifen in die Schrankseiten geschoben.*

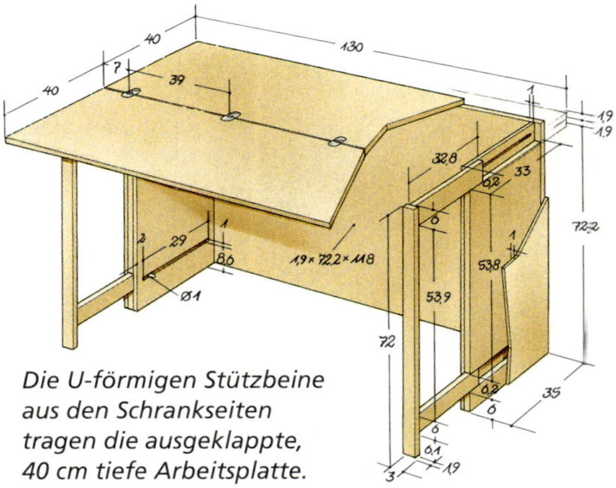

Die U-förmigen Stützbeine aus den Schrankseiten tragen die ausgeklappte, 40 cm tiefe Arbeitsplatte.

Ein Tisch mit großer Klappe

Drei Teile, mehr gibt es bei diesem erstaunlich wandlungsfähigen Möbel nicht zu bauen. Zwei identische Container auf Rollen und, etwas aufwendiger zu fertigen, der Tisch mit ausziehbaren Stützen und einer Arbeitsfläche, die durch den Aufklappvorgang auf eine Tiefe von 80 cm wächst – bei gleichbleibender Breite von 130 cm. 19 mm starke MDF(mitteldichte Faser)-Platte ist das Baumaterial für die Hobbykommode. Die Verbindungen werden stumpf verleimt, die einfachste Art, zwei Platten miteinander zu verbinden. Dazu müssen die Kontaktflächen beidseitig plan sein. Wenn in Ihrer Ausstattung eine Tischkreissäge fehlt, können Sie den exakten Zuschnitt der Platten getrost dem Holzhändler oder Baumarkt überlassen. Das gibt Ihnen die Gewißheit, daß beim späteren Zusammenbau alles paßt. Die Seiten des offenen Schranks bestehen jeweils aus drei Schichten. Die mittlere Lage schafft den Abstand für die ausziehbaren Stützen, Teppichklebeband auf der Oberfläche sorgt für etwas Luft. Die verbindenden Gelenke zwischen den beiden Platten, Spieltischscharniere, werden mittels Forstnerbohrer und Stechbeitel flächenbündig eingelassen.

Stützen für die klappbare Platte ausgestattet.

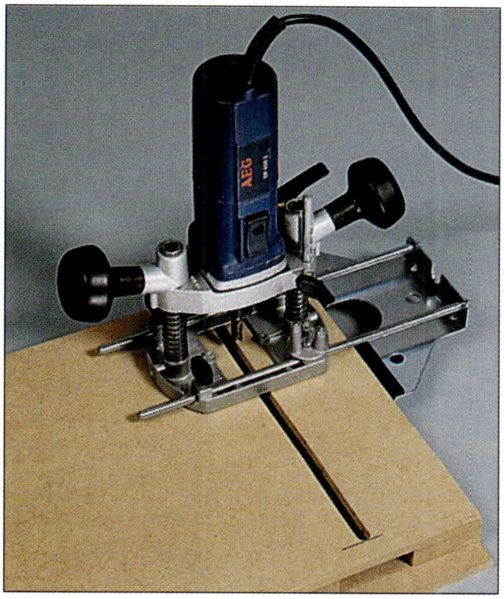

In den Innenflächen *der Seiten werden Schlitze gefräst, dort laufen später die Führungsdübel. Ohne Oberfräse bohren Sie Loch an Loch und arbeiten mit Raspel und Feile nach.*

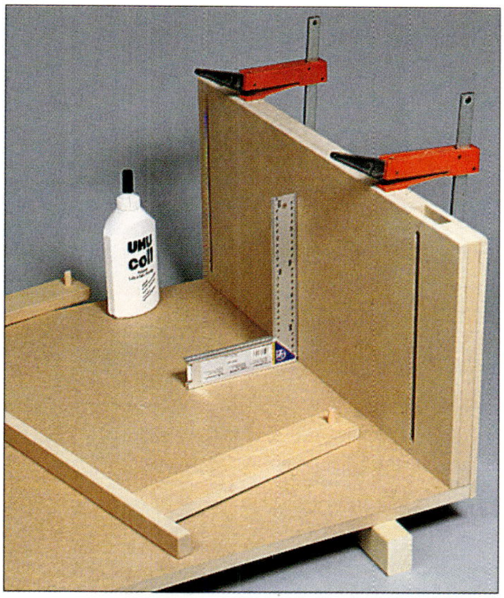

Die Seitenwand *und die Rückwand an den Verbindungsstellen mit Leim bestreichen. In der Abbindezeit des Leims mit Zwingen fixieren und den Sitz mit Winkel kontrollieren.*

Scharniere *in beiden Tischhälften einlassen. Mit dem Forstnerbohrer vorarbeiten und mit dem Stechbeitel nacharbeiten. Beim Bohren leistet ein Bohrmobil gute Dienste.*

Die Tischplatte *mit der Rückwand und den Seitenteilen verleimen. Der zweite, klappbare Flügel wird erst nach dem Leimvorgang mittels der Scharniere angeschlagen.*

Baumaterial für die Container: MDF-Platte

***In den Seiten der Container** werden mit Hilfe einer Schablone die Bohrlöcher für die Bodenträger angezeichnet und gesetzt.*

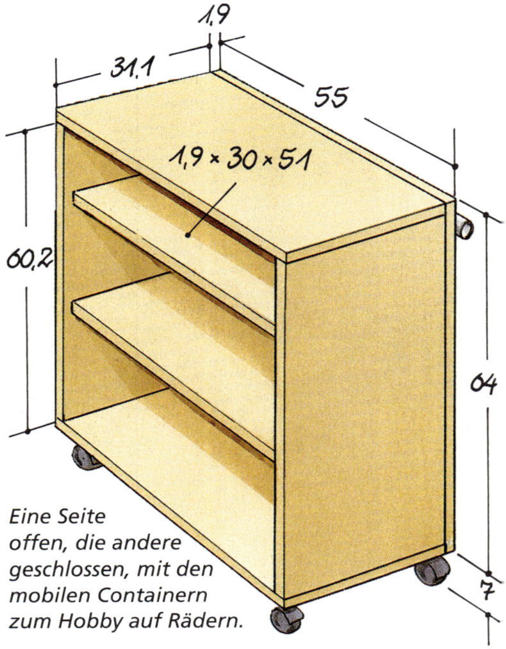

Eine Seite offen, die andere geschlossen, mit den mobilen Containern zum Hobby auf Rädern.

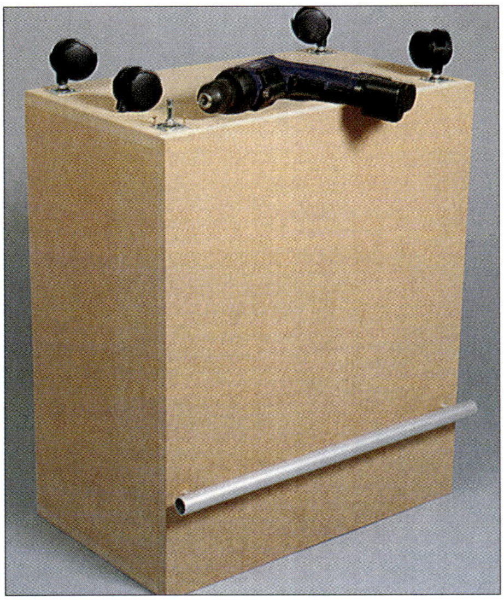

***Lenkrollen** machen die Container beweglich. Deren Schraubplatten sitzen unter dem Boden, als Griff dient ein Alurohr.*

Naturlook, Beize oder Lack?

Beide Container sind exakt gleich, das vereinfacht Zuschnitt und Fertigung. Die Einrichtung kann individuell bestimmt werden, die beiden Böden ruhen auf Trägern, die innerhalb einer Lochreihe in der Höhe verstellbar sind. Baumaterial ist wie bei dem Tisch die MDF-Platte, 19 mm stark. Dieses Baumaterial begenet Ihnen in diesem Buch noch häufiger, aus guten Gründen. Die Platte ist zwar schwerer und teurer als die herkömmliche Spanplatte, doch läßt sie sich wegen ihrer hohen Dichte bedeutend bessser verarbeiten. Profile können direkt in die Platte gefräst werden. Das Material selbst wird im Möbelbau häufig in naturbelassenem Zustand, durch Klarlack oder farblose Lasur geschützt, eingesetzt. Die Oberfläche kann wie massives Holz durch Beizen oder andere Formen der Oberflächenbehandlung nach Wunsch veredelt werden.

Oberflächenveredelung: farblos für Verstärkung des Brauntons der MDF-Platte oder leicht getönt für kräftigen Rotanteil.

Einfach zu schade

Die schönen Büroschränke sind die Basis für die Möbelbauideen auf den nächsten Seiten – vom Waschplatz über ein Telefonpult bis zum Hi-Fi-Rack.

nur für Papier und Bleistift

Die beliebten Schränke aus Stahlblech sind so vielseitig, daß man mit ihnen tolle Möbel bauen kann – eben solche wie die folgenden.

Kein Wunder, daß Stahlblechschränke zu den Favoriten für moderne Einrichtungen zählen. Die schlanken Quader mit vielen Schubladen und Griffen mit Sichtfenstern sind sauber gearbeitet, in verschiedenen Ausführungen (Anzahl / Höhe der Schubladen) und Farben zu bekommen. Erklärte Fans dieser Möbel schätzen den blechernen Klang, wenn die Laden zugeschoben werden. Wenn Ihnen jemand glauben machen will, daß andere Hersteller vergleichbare Produkte anbieten, ist Skepsis angebracht. Viele dieser Kopien sind nachlässig produziert – Schübe mit scharfen Kanten sind keine Seltenheit – und häufig nur in einer Ausführung als Standcontainer erhältlich, mit dem Ideen wie Waschplatz und Hi-Fi-Bord nicht machbar sind.
Die originalen Bisleys sind Büroschränke, oder besser: manche sind es, denn auf den nächsten Seiten zeigen sie, daß noch mehr in ihnen steckt – mit Ideen, die Selbstbauer geradezu herausfordern.

Sinnvolles Zubehör: Schubladeneinsätze mit verschiedenen Unterteilungen schaffen in den Schüben Lagerplätze für viele Kleinteile.

Der **Waschplatz** für das topmoderne Bad:

Top-Design selbstgemacht: Bisley-Schrank aus dem Büro-, Einbauwaschbecken aus dem Sanitärfachhandel und Holz aus dem Baumarkt.

warmes Buchenholz und kühles Stahlblech.

Fünf Schübe für Zahnbürste & Co.

Ein Büroschrank im Badezimmer? Warum nicht, gerade in unmittelbarer Nähe des Waschplatzes muß, von den Zahnpflegeutensilien bis zu den Papiertaschentüchern, vieles in Schüben untergebracht werden. Die Deckplatten und die Seitenwände aus Multiplexbuche werden auf Gehrung gesägt und miteinander verleimt. In der Platte des höheren Elements wird mit einer Elektrostichsäge der Ausschnitt für das Einbauwaschbecken erstellt. Zwischen den beiden L-förmigen Elementen wird eine etwa 6 mm dicke Sperrholzplatte montiert, deren vordere Kante schwarz lackiert ist. Sie springt um ca. einen Zentimeter zurück und sorgt für eine deutliche Fuge und damit gezielte optische Trennung der beiden Flügel. Der verwendete Stahlblechschrank wird von der Innenseite her (dazu müssen die Schubladen herausgenommen werden) durch Holzschrauben mit dem Waschtischelement verschraubt.

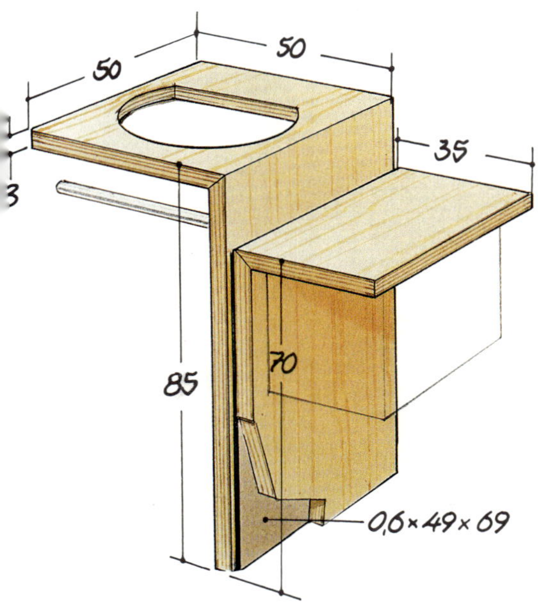

Deckplatten *und Seitenteile aus 30 mm dickem Multiplex werden mit einer Hand- oder Tischkreissäge auf Gehrung geschnitten.*

Der Ausschnitt *für das Einbaubecken wird mit Kreismarkern angezeichnet und dann mit einer Elektrostichsäge erstellt.*

Die Platten *werden beim Verleimen mit mehreren Spannklemmen fixiert. Ein eingespanntes Reststück sorgt für die exakte Position.*

Das **Schreibpult** mit reichlich Raum für

Endlich Platz zum Telefonieren: ein Schrank mit Raum für Papier, Stift und Co. und einem Überbau aus MDF-Platte, der das Pult bildet.

Schrank kommt unter die Haube

Wohin mit Schlüsseln und Portemonnaie, den Zetteln und den Stiften, die beim Telefonieren gebraucht werden? Richtig, auch in einen Blechschrank. Genauer: einen Schrank mit insgesamt acht Schubladen. Die beiden oberen bieten sich für die Unterbringung von Papier, die mittleren und unteren für alles weitere an, was gern im Flur gestaut wird.
Die einzelnen Segmente des Pults sind aus 19 mm dicker MDF-Platte erstellt. Den Neigungswinkel der Schreibplatte haben wir auf 15 Grad festgelegt, die Höhe im wandnahen Bereich beträgt 112,5 cm: ideale Maße, um auch über längere Zeit am Pult verweilen zu können. Beim Bauen werden die Oberkante der Rückwand und die beiden Distanzstreifen für die Rückwand (s. Zeichnung) auf 75 Grad abgeschrägt. Die Seitenteile werden mittels Flachdübel mit der Rückwand verbunden, der Deckel auf die oberen Kanten geleimt.

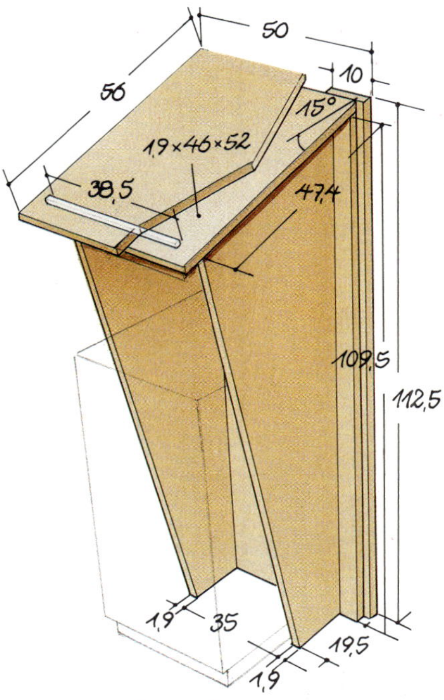

Die Rückwand *wird mit zwei Distanzstreifen und einer Kabeldurchführung (Lochsäge) versehen. Die sichtbaren Kanten schleifen.*

Rückwand *und Seitenwände werden paßgenau zusammengespannt und die Schlitze für die Flachverbinder eingefräst.*

Den Deckel *auf die Rück- und Seitenwände leimen, dann die Pultplatte. Der eingeschobene Container hält Maß zwischen den Wänden.*

Das **Hi-Fi-Bord** der Spitzenklasse: großer

Hier muß der kleinste ran: drei Schubladen für Hi-Fi-Zubehör und auf dem Deckboden Platz für die kleine Hi-Fi-Anlage.

Das Zubehör gut untergebracht

Kassetten, Kabel und Kopfhörer – immer liegt irgend etwas herum, was viel besser in Schrank oder Schublade aufgehoben wäre. Also genau die richtige Aufgabe für einen Blechschrank, und zwar einen kleinen mit drei Schubladen. Kombiniert haben wir den Schrank mit einem passenden Bord, das perfekt auf die kleinen Hi-Fi-Anlagen zugeschnitten ist: zurückhaltend in der Dimension und sehenswert in der Gestalt. Für den bogenförmigen Schnitt der Seitenwangen eignet sich die MDF-Platte besonders, da die Schnittkanten sauber geraten, nicht weiter behandelt werden müssen und ohne Probleme lackiert werden können. Die Kurvenlinie wird mit Hilfe eines Stangenzirkels aufgetragen und mit der Elektrostichsäge hergestellt, für den Schrank werden die Seitenwände ausgeschnitten. Lautsprecher- und Stromkabel laufen hinter einer Platte, die vor der Rückwand eingepaßt ist. Der Regalkorpus wird in zwei bis drei Anstrichen (zwischendurch schleifen) mit Klarlack beschichtet.

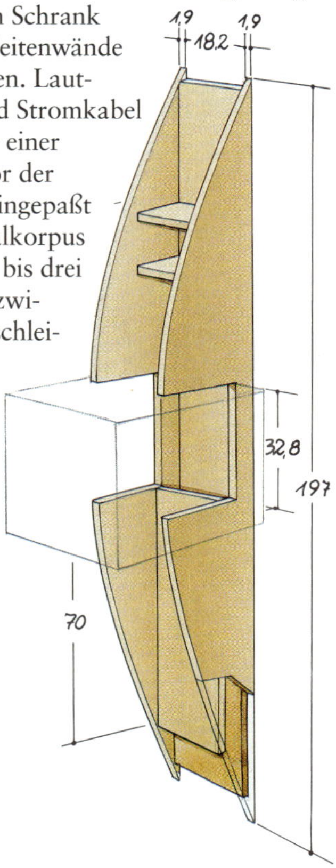

Die Seitenwände *werden mit einem Kreisbogen und den rechtwinkligen Ausschnitten für den kleinen Schrank versehen.*

Schnittkanten *an Seitenwangen und anderen Bauteilen werden mit Elektrobandschleifer oder manuell mit Schleifklotz bearbeitet.*

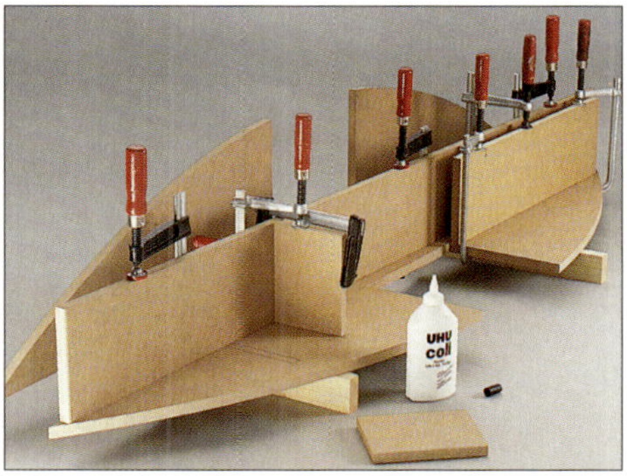

Rückwand, *Regalböden und Kabelblende zuerst auf ein Seitenteil leimen, danach das zweite wie einen Deckel aufleimen.*

Ein kleines Hängebord für

Findet auch in der kleinsten Küche einen Platz: das Bord für „Kleinkram".

Tasse, Becher und Co.

Alles im Zugriff: Die vielen, kleinen Dinge, die schnell zur Hand sein sollen, kommen in das Miniregal oder werden einfach angehängt.

Egal, ob Sie über eine beinahe perfekte Einbauküche oder ein zusammengetragenes Ensemble aus Alt und Neu verfügen, das kleine Hängebord macht sich immer nützlich. Für alles, was schnell zur Hand sein muß, ist das kleine Hängeregal eine prima Idee. Wir zeigen zwei Varianten, die eine mit fester Stange, an die allerlei Utensilien wie Kochwerkzeuge, Kaffeebecher und Topflappen gehängt werden. Bei der zweiten, ansonsten baugleichen Version ist die hölzerne Stange herausnehmbar, hier findet das Küchenpapier auf der Rolle seinen Platz, bei Bedarf ist schnell ein Küchentuch parat.
Für den Bau benötigen Sie einige gängige Handwerkzeuge, eine Bohrmaschine nebst Bohrständer sowie Leimzwingen. Zwingen sind, wenn sie nicht ohnehin in Ihrem Fundus sind, eine lohnende Investition, da sie für weitere Bauvorhaben nützlich sind.

Die Seitenwände werden mittels Leimzwingen auf die Rückwand geleimt, Distanzbrettchen garantieren gleichmäßige Abstände.

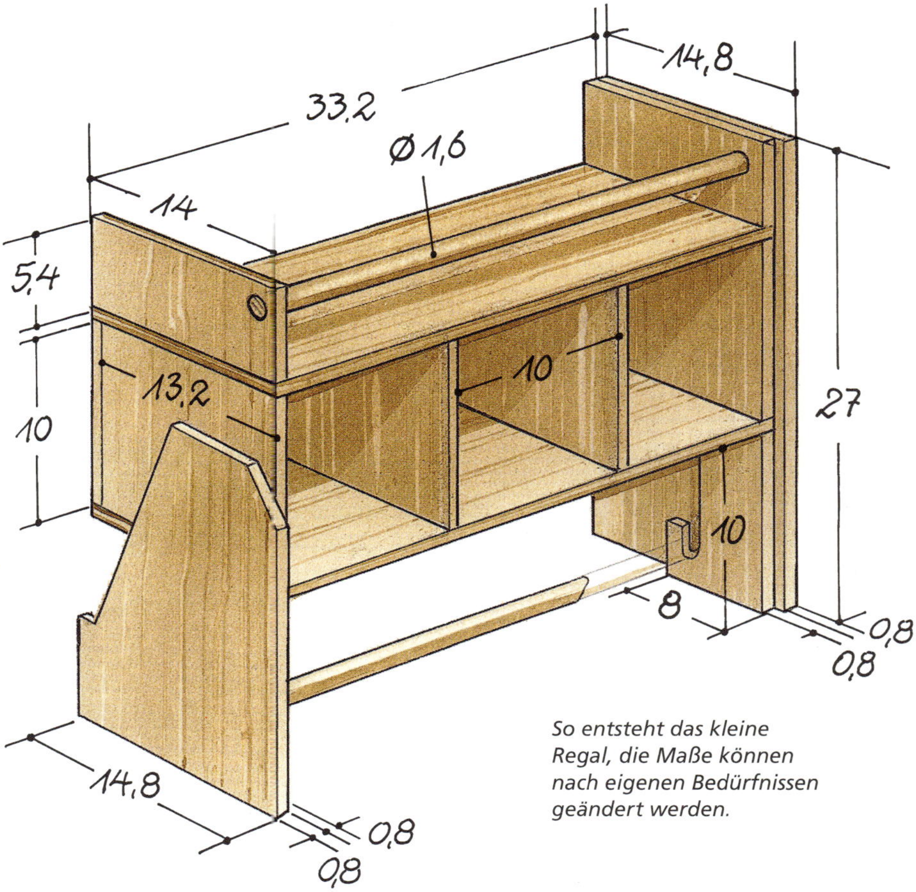

So entsteht das kleine Regal, die Maße können nach eigenen Bedürfnissen geändert werden.

Der Zusammenbau ist eine Sache von einem Nachmittag

Besonders schnell und präzise gelingen die benötigten Zuschnitte mit einer Kreissäge, besser noch mit einer Tischkreissäge. Aber es geht natürlich auch ohne, das Holz kann ebensogut mit einem mittelgroßen Fuchsschwanz von Hand gesägt werden. Wenn Sie sich diese Mühe nicht machen wollen, überlassen Sie das Zusägen dem Tischler oder einem Mitarbeiter des Baumarkts. Beim Sägen müssen Sie darauf achten, daß die „schönere" Seite des Sperrholzes beim fertigen Möbel die sichtbare Seite wird. Sperrholzplatten haben meist eine Seite, deren Oberfläche feiner gezeichnet und weitgehend frei von Fehlerstellen wie Ästen ist.

Hilfestellung beim Zusammenbau leisten Distanzbrettchen im Format von 13 mal 10 cm, die aus Restabschnitten zugesägt werden. Mit diesen Abstandhaltern gelingt die genaue Positionierung der Seitenwände beim Verleimen ohne Probleme.
Schön, praktisch, preiswert und zudem auch noch schnell gebaut; an einem freien Nachmittag haben Sie aus Sperrholz und Rundstäben ein feines Küchenregal gezimmert. Das Material bekommen Sie für etwa 25 DM, Parkettlack für etwa 20 DM. Besonders schöne Oberflächen erreichen Sie, wenn vor dem Auftragen der folgenden Schicht mit feinem Schleifpapier, 220er-Papier oder feiner, geschliffen wird.

Buchensperrholz und Buchenrundstäben gebaut.

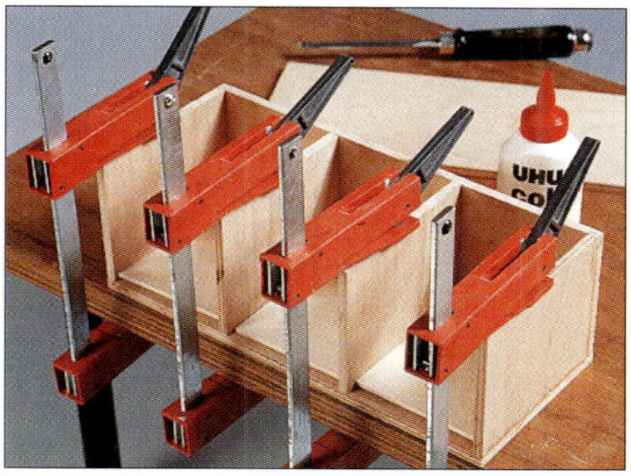

Der Boden wird mit Seiten und Rückwand verleimt. Holzleim, der beim Pressen heraustritt, läßt sich mit einem Stechbeitel entfernen.

Die Aufnahmen für die Rundhölzer werden mit einem Holzbohrer gefertigt. Beim Bohren die Maschine in einen Bohrständer spannen.

Flächen und Kanten der vier Rundstabhalter und die Außenseiten werden mit Holzfeile und Schleifpapier überarbeitet.

Der Regalkorpus und die Außenseiten werden geschliffen, die Halter für die Rundstäbe springen vorn um 8 mm zurück.

Die Reling wird in die Bohrung der Halter gesteckt und, bündig mit der hinteren Kante, mit den Außenseiten verleimt.

Bei der Oberflächenbehandlung wird zuerst fein geschliffen und anschließend zwei- bis dreimal mit Parkettlack lackiert.

Saubere Idee: Sammelstelle

Kluges Detail für die Küche: der Abfallschacht, mit wenig Aufwand aus preiswerten Teilen gebaut.

für kompostierbare Abfälle

Wohin mit den „grünen" Küchenabfällen? Sammeln und kompostieren – mit dem cleveren Abfallschacht wird das zum Vergnügen.

Eine verblüffend einfache und zudem arbeitserleichternde Möglichkeit, kompostierbare Stoffe – organische Abfälle aus der Nahrungszubereitung – zu sammeln, bietet dieser Bauvorschlag, der sich in jeder Küche nachträglich einbauen läßt: Mit dem Abfallschacht werden die Arbeitsflächen in der Küche schnell und vor allem sauber von allen anfallenden Resten befreit. Kartoffel- und Apfelschalen, Kaffeesatz und Gemüsegrün gehen ohne Umwege direkt in den Auffangbehälter, der unterhalb der Arbeitsplatte im Küchenschrank aufgestellt ist. Zunächst wird in der Nähe des Spülbeckens ein Ausschnitt in der Arbeitsplatte hergestellt, in den ein Stutzen, der eigentlich für den Anschluß von Dunstabzugshauben bestimmt ist (z. B. RUG 32-465), montiert wird. Daran schließt ein Teleskoprohr (RUG 41-290) als Verbindung zum Auffangbehälter an. Wir haben einen Kunststoffeimer verwendet, den Sie mit oder ohne Deckel in runder oder rechteckiger Ausführung preiswert in Läden für Haushaltswaren bekommen. Die Montage von Stutzen und hinabführendem Rohr ist recht einfach, auch die Montage des zusätzlichen Bodens (der Träger für den Kunststoffeimer) im Küchenunterschrank stellt keine höheren Anforderungen an die handwerklichen Fertigkeiten. Etwas kniffliger wird es, wenn Sie den Kragen des Stutzens flächenbündig einlassen wollen. Das bewährt sich bei der täglichen Küchenarbeit, da die organischen Reste dann mit der Hand über den Abwurf geschoben und versenkt werden.
Als Abdeckung für die Öffnung in der Platte kann ein Rest einer Holz- oder Kunststoffplatte dienen, der kreisförmig zugeschnitten wird. Kleiner Trick: Eine zweite, kleinere Scheibe unter dem Deckel sorgt für paßgenauen Sitz auf der Einfüllöffnung. Zur besseren Handhabung wird ein Möbelknopf auf dem Deckel montiert. Etwa 40 DM für Kleinteile, ein Nachmittag für die Montage – schon ist die Küche um ein kluges Detail reicher.

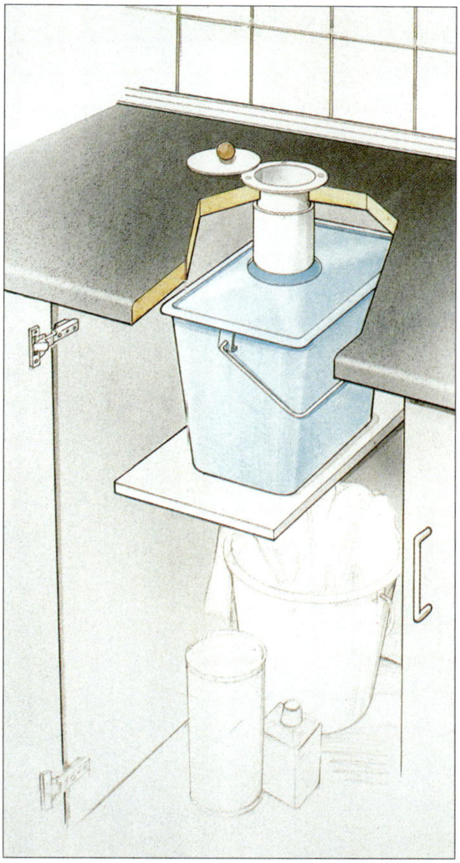

Ein Anschlußstutzen und ein Teleskoprohr für Abzugshauben, einen Deckel und ein Eimer als Auffangbehälter für die organischen Abfälle.

Podest oder Regal: Die Kids

Kommt gut an: Das tolle Podest aus Einzelkuben kann jeden Tag anders aussehen. Und in den Kisten ist viel Platz zum Stauen.

machen, was sie wollen.

Der Hit im Kinderzimmer: die Kästen aus Sperrholz. Obendrauf spielen und toben, darunter alles Wichtige griffbereit – und das ist längst noch nicht alles!

Was muß eigentlich in ein Kinderzimmer? Richtig, ein Bett, ein Tisch, vielleicht noch ein Schrank für die Kleidung – und ganz viele von diesen pfiffigen Kästen! Warum? Schauen Sie nur einmal die Fotos an: Schnell sind ein paar dieser Kästen zu einer Tob- und Spielfläche zusammengeschoben, der ehemals langweilige Grundriß wird, auch aufgrund der fröhlichbunten Deckel, zu einem ganz besonderen und aufregenden Spielplatz. Auch wenn die Kästen so zusammengeschoben sind, lassen sie sich uneingeschränkt als Staucontainer nutzen. Dazu muß nur der mit farbiger Teppichfliese beklebte Deckel abgehoben werden.

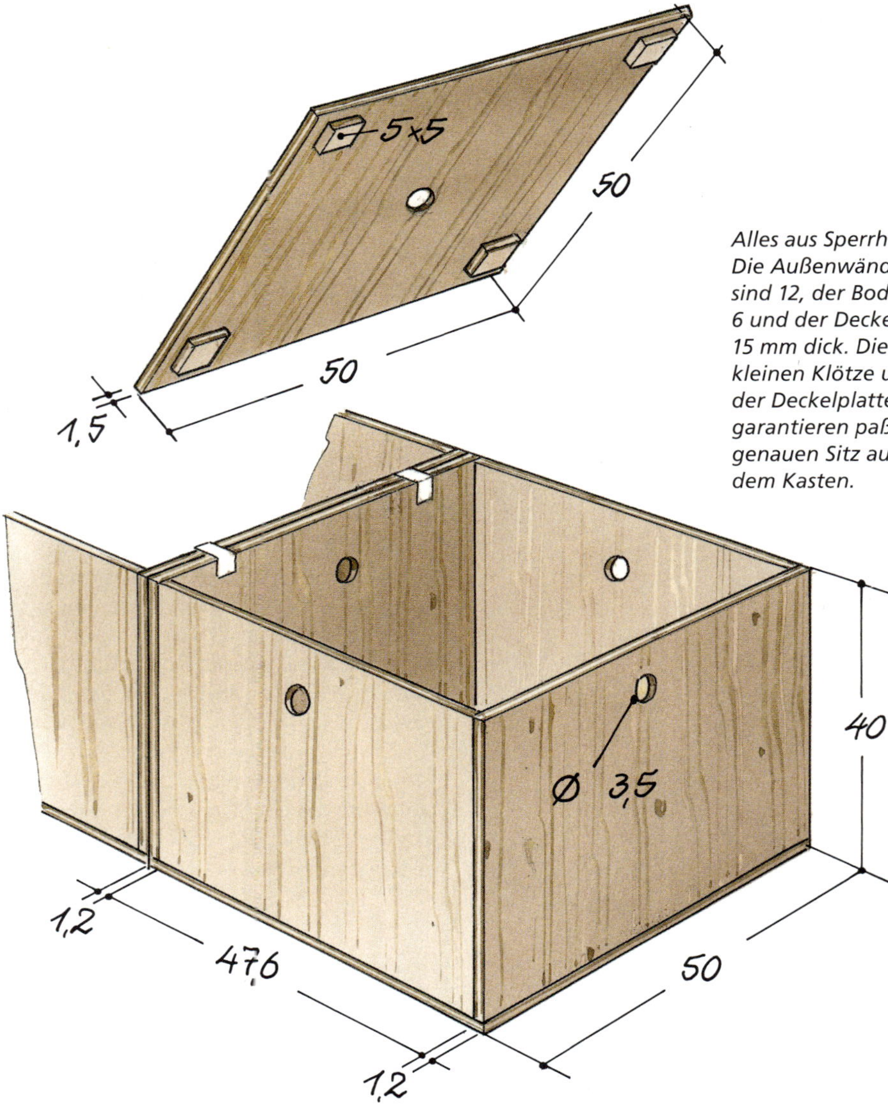

Alles aus Sperrholz: Die Außenwände sind 12, der Boden 6 und der Deckel 15 mm dick. Die kleinen Klötze unter der Deckelplatte garantieren paßgenauen Sitz auf dem Kasten.

Einfach toll, was man mit diesen Kästen alles machen kann.

Vielleicht wird aus den Kästen ein offenes Regal wie auf dem kleinen Foto der vorherigen Seite. Bei den großzügigen Abmessungen können sie eine ganze Menge Spielzeug, Bücher und Stofftiere „schlucken".
Die Kästen sind 50 mal 50 cm groß, 40 cm hoch und mit festem Boden ausgestattet. Der dicke, hoch belastbare Deckel wird lose aufgelegt. Für den sicheren Transport der Kästen sind an allen Seiten Grifflöcher vorgesehen, denn dank des geringen Gewichts können auch kleine Menschen die Elemente bewegen. Auch der Deckel bekommt ein Griffloch. So kann jeder Kasten, ob in der Mitte eines Podestfeldes oder vor einer Wandfläche, problemlos be- und entladen werden.

Mit einem Forstnerbohrer, *∅ 35 mm, werden sämtliche Grifflöcher in die winkelgerecht zugesägten Sperrholzplatten gebohrt.*

Stumpf verleimt *und mit kleinen Stiften fixiert, so entstehen aus einzelnen Platten geräumige Kästen. Auch der Boden wird untergeleimt.*

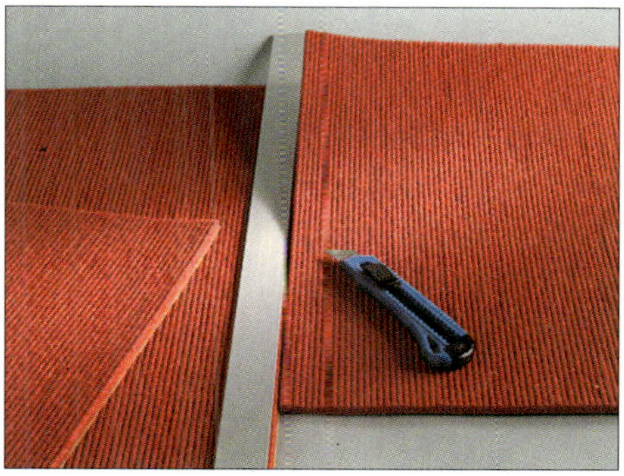

Mit scharfem Cuttermesser *wird der Tretford-Teppichboden für die Deckel zugeschnitten, ohne daß es an den Schnittkanten ausfranst.*

So schlicht die Kästen in ihrer Erscheinung sind, die Einsatzmöglichkeiten scheinen schier unbegrenzt. Waren sie eben noch ein offenes Regal, können sie in den nächsten Minuten Bausteine für die Ritterburg oder für die Spielwiese sein. Der Blick auf die Konstruktionszeichnung links und die Arbeitsfotos zeigt den denkbar einfachen Bau der Kuben. Die Herstellung stellt wirklich keine hohen Anforderungen, weder ist ein umfangreicher Werkzeug- bzw. Maschinenpark, noch sind besondere Kenntnisse der Holzverarbeitung vonnöten.
Die Zeichnung enthält alle für den Zuschnitt erforderlichen Maße. Natürlich können Sie die Platten auf der – wenn vorhanden – eigenen Tischkreissäge zuschneiden, genausogut können Sie die zugeschnittenen Platten bei einem Holzhändler in Ihrer Nähe bestellen. Zum Aufbohren der Grifflöcher benötigen Sie einen Forstnerbohrer mit einem Durchmesser von 35 mm. Durchaus möglich, daß sich dieser Bohrer im Bestand Ihrer Werkstatt befindet, mit diesem speziellen Bohrer werden auch die Topfbänder von Türscharnieren eingelassen. Das Bohren der Grifflöcher geschieht vor dem Zusammenbau der Kästen. Besonders sauber und sicher gelingen diese Arbeiten mit der Bohrmaschine im Bohrständer.
Mit Weißleim und etwa 35 mm langen Senkkopfstiften heften Sie die mit den Grifflöchern versehenen Platten stumpf zu einem Korpus zusammen: erst die Seitenwände, dann den 5 mm dicken Boden. Solange der Leim noch nicht angetrocknet ist, kann der Kasten mit Hilfe der Bodenplatte rechtwinklig ausgerichtet werden. Die Deckel werden nur lose aufgelegt.

Schon aus vier Kästen wird eine kleine Insel zum Stauen – und, viel wichtiger, zum Spielen und Toben.

Kleine Klötzchen sichern die lose aufliegenden Deckel

Damit sie exakt kantenbündig auf den Kästen liegen, leimen Sie auf deren Unterseite in jede Ecke im Abstand von 12,5 mm zu den Außenkanten ein 5 mal 5 cm großes Sperrholzklötzchen ein. Sämtliche Kastenkanten werden, sobald der Leim trocken ist, mit Schleifpapier überarbeitet. Als Belag für die Kästen haben wir den robusten und schönen Tretford-Teppichboden gewählt. Dieser wird ausschließlich aus natürlichen Materialien wie Ziegenhaar und Schafwolle hergestellt. Der Belag kann in jeder Richtung ohne Ausfransen geschnitten werden.

Beim Zuschneiden des Teppichbelags kommt es vor allem darauf an, daß die Fliesen von 50 mal 50 cm genau winkelgerecht gelingen. Dafür benötigen Sie einen rechten Winkel, ein langes Stahllineal und ein scharfes Teppichmesser.

schönen, farbigen Teppichfliesen belegt.

Mit selbstgemachten Clips wandernde Kästen bändigen

Auf rauhen, griffigen Bodenbelägen wie beispielsweise Teppich stehen die Podestkästen wie angenagelt, bei Aufstellung im Verbund sichern sie sich gegenseitig. Nur wenn es auf den Kästen „heiß" hergeht und vielleicht auch noch glatte Böden im Spiel sind, greifen Sie zu sichernden Maßnahmen. Aus Kabelkanälen für Elektroleitungen, die es in jedem Baumarkt gibt, haben wir uns ca. 3 cm lange Clips zugesägt. An den aneinanderstoßenden Längsseiten je zwei dieser Clips befestigen, und die Kästen sind durch nichts von ihrer Position abzubringen.

Mit einem scharfen Locheisen stanzen Sie das Griffloch in der Fliesenmitte aus. Dazu die Fliesenrückseite exakt mit Bleistift markieren.

Mit einem Zahnspachtel den Dispersionskleber gleichmäßig auf der Platte verteilen. Beim Auflegen die Fliese genau ausrichten.

Die Auswahl aus vierzig verschiedenen Farbtönen: Von ganz schlicht über edel bis zu leuchtenden Signalfarben reicht das Angebot beim Tretford-Teppichboden. Neben der Sortimentsfülle überzeugt der Boden durch die Verwendung natürlicher Materialien und Robustheit im täglichen Gebrauch.

Clever: mit einem Podest

Tagsüber eine Ecke zum Sitzen und Faulenzen, nachts ein Bett mit einer Liegefläche von 140 × 200 cm. Unter der Klappe finden Skier & Co. Platz.

die Raumreserven nutzen

Mit einem Podest können Sie auch in kleinen Räumen Platz gewinnen – unseres bietet ein komfortables Bett und viel Stauraum.

Ob kleine Einzimmerwohnung oder einzelnes Zimmer in größerer Wohnung: Wenn ein Raum bis in den letzten Winkel genutzt werden soll bzw. muß, ist der Bau eines Podestes ein naheliegender Gedanke. Denn darin läßt sich eine Menge unterbringen – vorausgesetzt, man nutzt den zur Verfügung stehenden Platz optimal aus. Bei unserem Vorschlag bieten gleich zwei Holzpodeste die Möglichkeit, Wohnen und Arbeiten geschickt miteinander zu kombinieren. Unter dem höheren Podest wird tagsüber das Bett versteckt; zuklappen, schon entsteht eine gemütliche Sitzecke. Auf der niedrigeren Ebene ist Platz für einen Schreibtisch, unter den Deckplatten jede Menge Stauraum – da findet auch die sperrige Skiausrüstung Platz.

Der **Aufbau** des Podestes geschieht Streifen

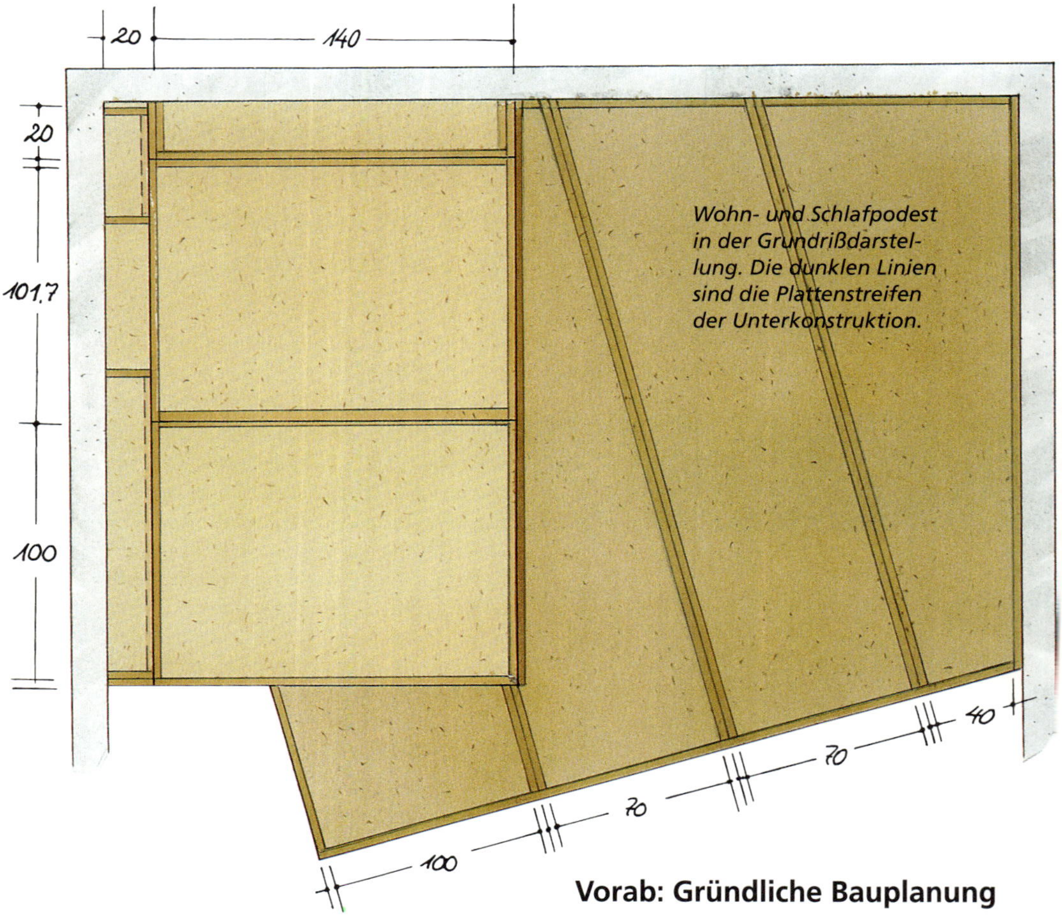

Wohn- und Schlafpodest in der Grundrißdarstellung. Die dunklen Linien sind die Plattenstreifen der Unterkonstruktion.

Vorab: Gründliche Bauplanung

Wenn es an die Planung Ihres Podestes geht, sollten Sie vorab von dem Raum eine maßstäbliche Grundrißzeichnung (M 1:50 für die grobe, M 1:20 für die detaillierte Planung) anfertigen. Die in den Zeichnungen angegebenen Maße beziehen sich auf den von uns ausgestatteten Raum, können also nur der Orientierung dienen und werden entsprechend geändert bzw. neu festgelegt. Die Höhe des begehbaren Podestes sollte etwa 20 cm nicht überschreiten. So bleibt der Aufstieg auf das Podest leicht und der optische Eindruck intakt.

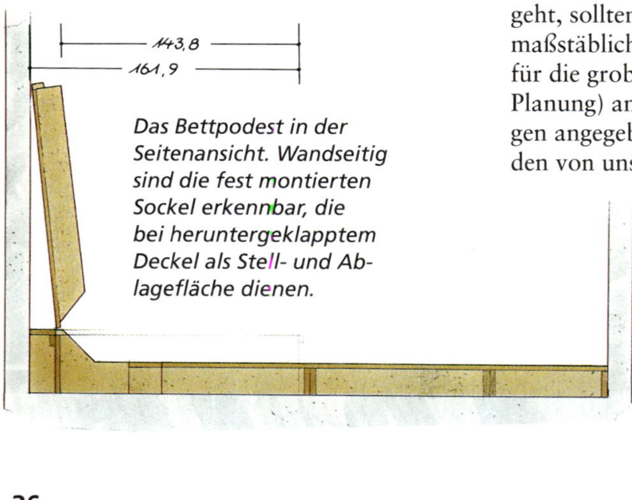

Das Bettpodest in der Seitenansicht. Wandseitig sind die fest montierten Sockel erkennbar, die bei heruntergeklapptem Deckel als Stell- und Ablagefläche dienen.

für Streifen mit preiswerter Spanplatte.

Leim und Spaxschrauben *helfen, die nach der Zeichnung zugeschnittenen Spanplatten zu stabilen Sockelelementen zusammenzufügen.*

Die Sockelelemente *werden durch Verleimen und Verschrauben zum Winkel gebaut. Das verleiht der Bettkonstruktion den nötigen Halt.*

Mit einer Zwinge *wird der Sockel beim Verleimen fixiert. Mit Akkuschrauber werden hier mindestens vier Holzschrauben eingedreht.*

Als Wandlager *dienen zwei etwa 20 cm lange an der Wand festgedübelte Leistenabschnitte. Sockel darüberschieben und festschrauben.*

Auf dem Boden *ausgelegt werden die auf Schmiege geschnittenen Platten der zweiten Ebene. Flachdübel dienen als Abstandhalter.*

Die Rahmenteile *des Bettpodestes werden provisorisch montiert, um die letzte, längste Deckplatte genau anreißen zu können.*

Die Deckplatte wird unter das Bettpodest geschoben. An der Kante entlang wird mit einem Stift die Schnittlinie markiert.

Fest montiert werden die Rahmenbretter des Schlafpodestes, wenn die letzte Deckplatte des Wohnpodestes angepaßt wurde.

Gut belegt: Naturhaarteppich

Wir haben im gesamten Raum, als Belag für die Deckplatten des Podestes wie auch für den Fußboden, den Tretford-Teppichboden (besteht zu 80 Prozent aus Ziegenhaar und zu 20 Prozent aus Wolle) eingesetzt. Der Bodenbelag mit Rippenstruktur gilt als besonders robust, ist in unterschiedlichsten Farbgebungen erhältlich und in allen Richtungen schnittfest, so daß reizvolle Verlegevarianten möglich werden.

Bett oder gemütliche Sitzecke

Schon auf den ersten Seiten war es zu sehen: Anstelle einer großen Ausstattung mit Möbeln sind Schlaf- und Wohnpodest die wichtigsten Einrichtungsgegenstände des Zimmers. Das Bettpodest in der linken Ecke des Raums ist tagsüber gemütliche Sitzecke mit Polstern und Kissen. Die Sockel dienen auch als Stell- und Ablageflächen, sind fest mit Leisten an der Wand verbunden und geben der Bettkonstruktion Halt und die benötigte Winkelsteifigkeit. Zum Schlafen werden die Kissen einfach abgeräumt, der Deckel nach oben geklappt, und schon ist das 140 mal 200 cm große Nachtlager bereitet. Die Klappe sichert sich selbsttätig, da sie über den kippgefährdeten Punkt hinaus bewegt wird, bis sie an der Zimmerwand anstößt. Ganz sicher gehen Sie, wenn die Klappe durch einen zusätzlichen Riegel gegen Herunterfallen gesichert wird. Das Wohnpodest schließt sich unmittelbar an, zusammen nehmen sie komplett den Raum zwischen der Stirn- und den beiden Seitenwänden ein. Die Vorderkante ragt mit einer Schräge von 15 Grad in den Raum, was der gesamten Erscheinung eine interessante Optik verschafft. Eine feste Größe bei der Planung ist das Bettmaß, Form und Fläche des Wohnpodestes hingegen werden auf die jeweilige Raumgröße abgestimmt. Wenn, wie in unserem Aufbau, ein Teil des Bereichs für einen Arbeitsplatz genutzt wird, kann dort die Deckplatte mit dem Unterbau fest verschraubt werden. In den übrigen Bereichen liegen die Deckplatten aus 19 mm starker Spanplatte lose auf, der darunter befindliche Raum – immerhin einige Quadratmeter Fläche – steht uneingeschränkt als Lager zur Verfügung.

der Montage der Teppichboden verklebt.

Stangenscharniere *verbinden den Bettkasten mit dem beweglichen Deckel. Als Montagehilfe dienen eingeschobene 4 cm dicke Leisten.*

Als Verstärkung *des Podestdeckels wird die Innenseite des hinteren Deckels mit einer um 15 mm vorspringenden Latte versehen.*

Ringsum an den Wänden *bilden angedübelte Plattenstreifen Auflager für Podestplatten. Die Mittelstege sind doppelte Plattenstreifen.*

Probelauf: *Vor der Endmontage werden die Platten noch einmal aufgelegt. Wenn's paßt, bekommen die Unterseiten Anschlagleisten.*

Einen Anstrich *mit farbigem Lack oder transparenter Lasur bekommen nur die Sockelblenden und die Innenseiten der Bettdeckel.*

Teppichboden *auf die Podestoberflächen: Bahnen zuschneiden, Dispersionskleber auftragen, abschließend Randleiste davorheften.*

Zeitgemäßer Materialmix:

In der Mitte ein Stollen aus MDF, der Rohre nebst Glasböden trägt. Die Bruchkanten am Stollen vermitteln den Eindruck eines massiven Steins.

Regale aus Holz und Glas

Die beiden Regale sind nicht die ersten Möbel, bei denen massives Holz und lichtes Glas kombiniert werden – aber sicher zählen sie zu den attraktivsten.

Warum Glas als Regalböden? Die Frage ist schnell beantwortet: Dieser außergewöhnlich schöne Werkstoff wirkt – besonders gut bei den Böden für das Hi-Fi-Regal zu sehen – durch seine Transparenz scheinbar schwerelos. In den Kanten der Böden bricht sich das Licht, die Reflexionen garantieren ein sich stetig veränderndes Lichtspiel. Eine schöne Ergänzung zu dem vergleichsweise ruhigen Auftritt naturbelassener oder lackierter Holzoberflächen. In unseren Bauvorschlägen kommen alle Vorzüge von Glas zum Tragen. Wortwörtlich, denn die Glasböden sind in der Lage, auch größere Lasten sicher aufzunehmen. Im ersten Entwurf haben wir strukturiertes Industrieglas mit U-förmigem Querschnitt eingesetzt, im zweiten 8 mm dickes Klarglas mit rundherum geschliffener Kante. In beiden Fällen eine auffallend elegante Lösung.

Die beiden Bauwerke sind echte Fälle für Selbermacher, so etwas kann man nicht kaufen. Die Glasplatten sind das geringste Problem. Sie werden beim Glaser nach den individuellen Maßangaben zugeschnitten und dort auch an den Kanten geschliffen. Beim eigentlichen Regalbau ist der Selbermacher gefordert: Bei Regal Nummer 1 wird ein Stollen gefertigt. Dieser ist von Rohren durchdrungen, die als Träger der Böden fungieren. Beim Regal Nummer 2 sind die Träger hinter der großen Blende verborgen, eine ebenso raffinierte wie einfache Konstruktion.

Elegant und ausgeklügelt: Trägerkonstruktion und Beleuchtung sind hinter der Blende aus Sperrholz versteckt.

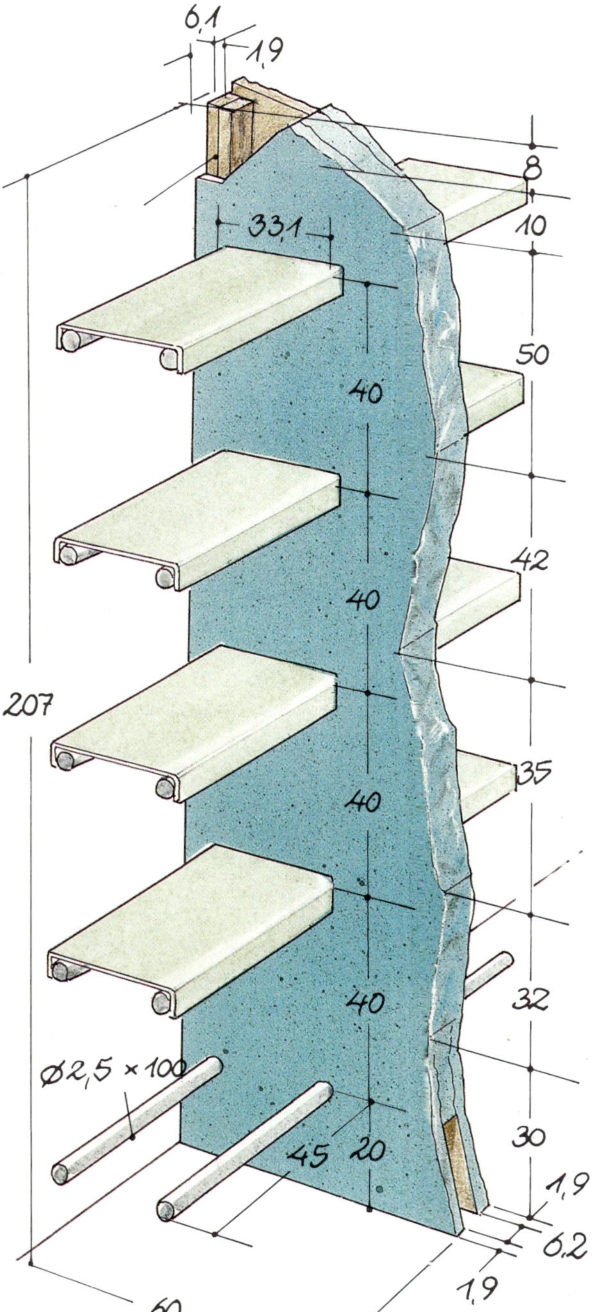

Ein Plattenstreifen an der Zimmerwand sorgt dafür, daß Stollen und Regalböden sicher und unverrückbar stehen.

Der Stollen aus MDF-Zuschnitten

Die Böden aus U-Glas werden bei der Montage aufgelegt, ganz einfach also. Doch bevor es soweit ist, müssen die Stichsäge, die Bohrmaschine und – soweit vorhanden – eine Elektrofräse aktiviert werden. Der Körper des Stollens wird aus 19 mm dicken MDF-Platten (= mitteldichte Faserplatte) gebaut, je eine links und eine rechts. Die Vorder- und Oberkanten werden mittels Stichsäge in unregelmäßige Formen geschnitten, die beiden Platten liegen dabei aufeinander. Sind die Aufnahmen für die Aluminiumrohre gebohrt und die Zwischenstücke eingeleimt, kann mit der Universalfräse die imitierte Bruchkante erstellt werden. Das geht natürlich auch mit viel Handarbeit, erfordert aber mehr Geschick und mehr Kraftaufwand: Mit einem Bildhauerbeitel und einem Schlagholz, auch Klüpfel genannt, wird die Fläche modelliert. Die fertige Bruchkante wird grundiert und mit speziellem Sprühlack (z.B. „Fleckstone") beschichtet. Allerdings sind solche Lacke nicht billig, ein einfacher Lack tut es sicher

Lichtspiel auf den Regalböden aus Industrieglas, die von Aluminiumrohren mit 25 mm Durchmesser getragen werden.

ein Stollen wie aus dem Steinbruch.

Grob vorgeschnitten werden die Konturen der Stollenseiten, die dafür mittels Schraubzwingen zusammengespannt werden.

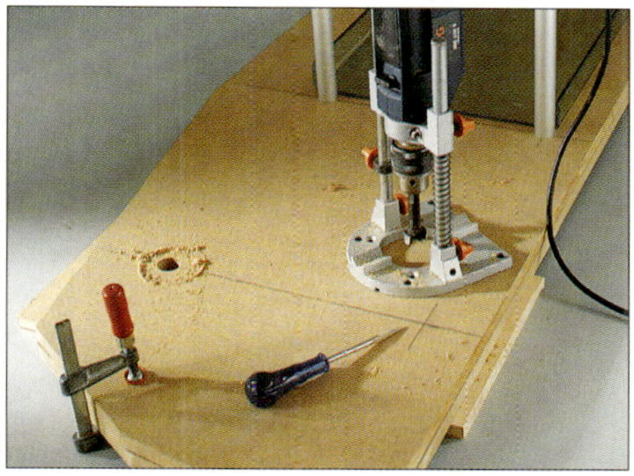

Mit einem Forstnerbohrer werden die Bohrungen für die Rohre gefertigt, mit einem Bohrmobil gelingen Bohrungen rechtwinklig.

Zwischen den beiden Seiten werden auf Gehrung zugeschnittene Streifen zunächst auf einem der Seitenteile aufgeleimt.

Beim Aufleimen der zweiten Seite werden die Alurohre eingeschoben, so liegen die Bohrlöcher beider Seiten exakt übereinander.

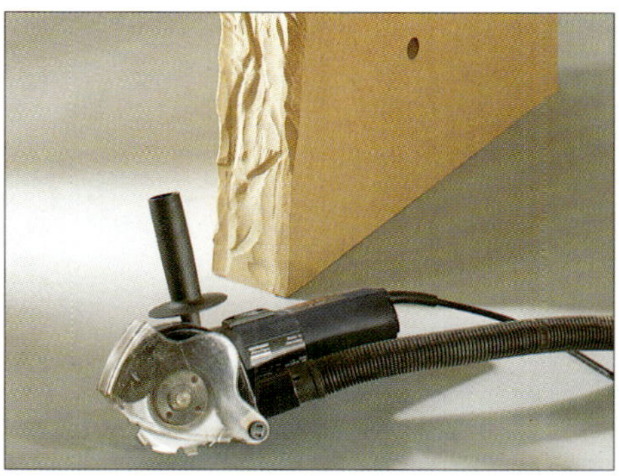

Mit einer Universalfräse oder etwas zeit- und arbeitsaufwendiger mit Handwerkzeugen wird die Bruchkante ausgebildet.

Nach Auftrag einer Grundierung (mit grüner Farbe) wird die vordere Kante mit Klarlack gestrichen, auf die Seiten kommt Speziallack.

Sanfter Schwung: Eine **Blende** aus Sperrholz

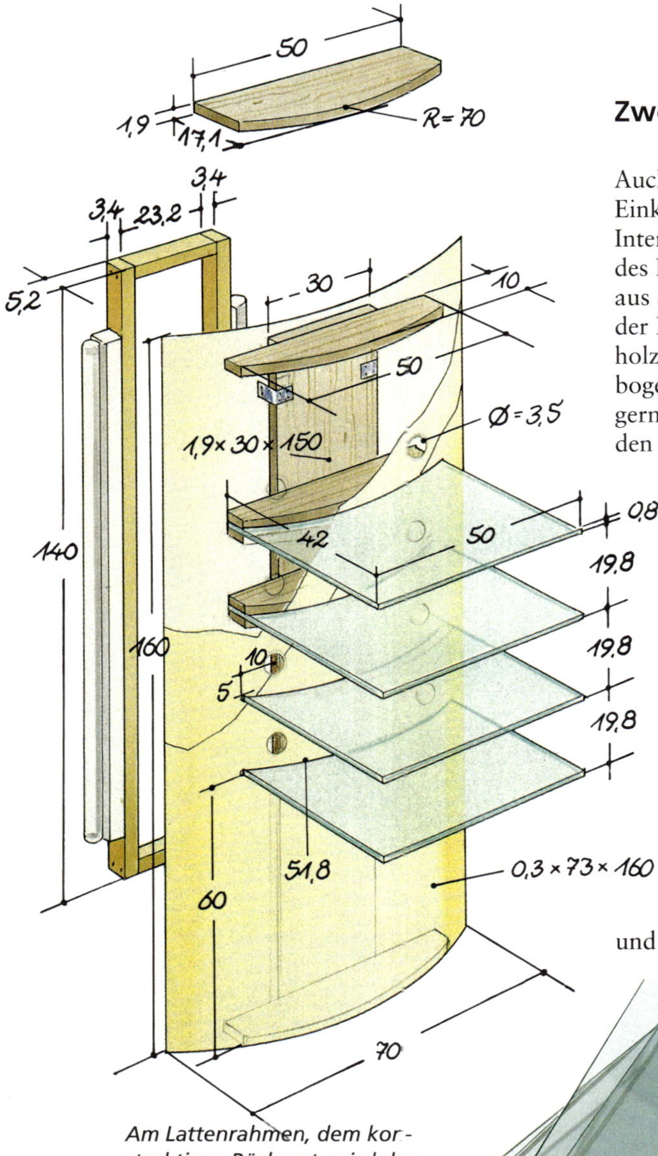

Zwei Platten und ein paar Kniffe

Auch beim Hi-Fi-Regal gibt es nach dem Einkauf am Glas nichts mehr zu tun. Interessant wird es bei der Verarbeitung des Holzes, besonders der großen Blende aus Sperrholz: Für die sanfte Bogenform der Frontblende werden zwei Pappelsperrholzplatten, jeweils 3 mm dick, mit den bogenförmig ausgesägten Glasplattenträgern verleimt. Die Schlitze für die Glasböden werden vorher eingefräst. Zum Verleimen legt man die Sperrholzplatten einzeln auf. Die untere, also beim fertiggestellten Möbel hintere, kann beim Verleimen mit Stiften und an den Enden mit kleinen Holzschrauben fixiert werden. Der Leim wird vollflächig und gleichmäßig aufgetragen, hier bewährt sich ein Zahnspachtel. Die Längskanten bekommen Plattenstreifen (16 oder 19 mm dick) als Zulagen, mit Schraubzwingen wird der nötige Preßdruck für die Verleimung der Sperrholzplatten erzeugt. Nach Trocknen des Leims die Kanten bündig schleifen, die Löcher für die Kabeldurchführung bohren und die Blende mit Klarlack beschichten.

Am Lattenrahmen, dem konstruktiven Rückgrat, wird das Regal mit Winkeln befestigt, seitlich die Leuchtstoffröhren.

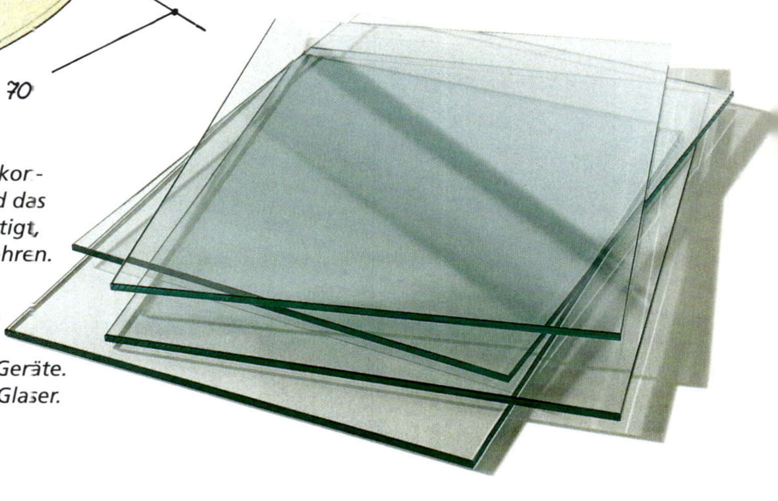

8 mm dicke Klarglasplatten mit geschliffenen Kanten tragen die Hi-Fi-Geräte. Alles fix und fertig vom Glaser.

verdeckt die ausgefeilte Tragekonstruktion.

Die Schlitze für Böden auf einer der Sperrholzplatten aufzeichnen und, gegen Verrutschen gesichert, übereinanderlegen.

Eine selbstgebaute Lade führt die Oberfräse beim Fertigen der Schlitze. Zwingen an den Enden sichern unverrückbar die Position.

Der große Radius der Glasplattenträger wird mit Stangenzirkel angezeichnet und grob mit Stichsäge oder Tischkreissäge ausgesägt.

Die exakte Kontur mit Oberfräse und selbstgebauter Zirkelvorrichtung oder mit einfachem Werkzeug, z. B. einer Holzraspel, erstellen.

Die Glasträger von hinten an die Rückwand schrauben (Blende als Lehre benutzen). Beim Ausrichten sind die Glasböden hilfreich.

Die erste Sperrholzplatte wird zunächst nur ein Stück aufgeschoben, so kann noch Holzleim an die Bögen gegeben werden.

Der hat den Dreh raus: ein

So funktioniert es: Der äußere Rahmen ist fest, die inneren sind beweglich. Recht einfach ist der Bau des kleinen Technikwunders, Leisten, Schrauben und ein paar Dübel sind die Materialien.

Spiegel mit kluger Technik

Verblüffend: Dieser Spiegel läßt sich in jede Richtung drehen und kippen, eine kardanische Aufhängung macht es möglich.

Das Prinzip dieses Spiegels ist in der Technik ein „alter Hut“: Die Kardangelenke an Automobilen und die Kompaßaufhängungen bei Segelbooten bedienen sich lange schon dieser Technik. Beide müssen nach allen Seiten beweglich sein, das Kardangelenk trotz einer schwingenden Federung die Antriebskraft an die Achse weitergeben, der Kompaß soll sich stets in der Horizontalen befinden, auch wenn das Boot rollt oder schaukelt.
Dank dieses Prinzips kann der innere der drei Rahmen mit dem Spiegel für jeden Bedarf eingestellt werden – und interessant sieht er beim Drehen und Wenden allemal aus, keine Situation gleicht der anderen. Kippsicher trotz seiner umfangreichen Verstellmöglichkeiten wird das Bauwerk durch den Fuß aus nebeneinander angeordneten Leisten, den gleichen, die auch beim Bau der Rahmen verwendet werden.

Mit einem Fasenfräser in der Oberfräse gelingen leichte Abrundungen an Hirnholz- und Längskanten der Leisten besonders gut.

Drei **Rahmen** und ein Sockel, Schrauben und

Alle Maße des Drehspiegels auf einen Blick. Gut zu erkennen: die Anordnung der Drehachsen

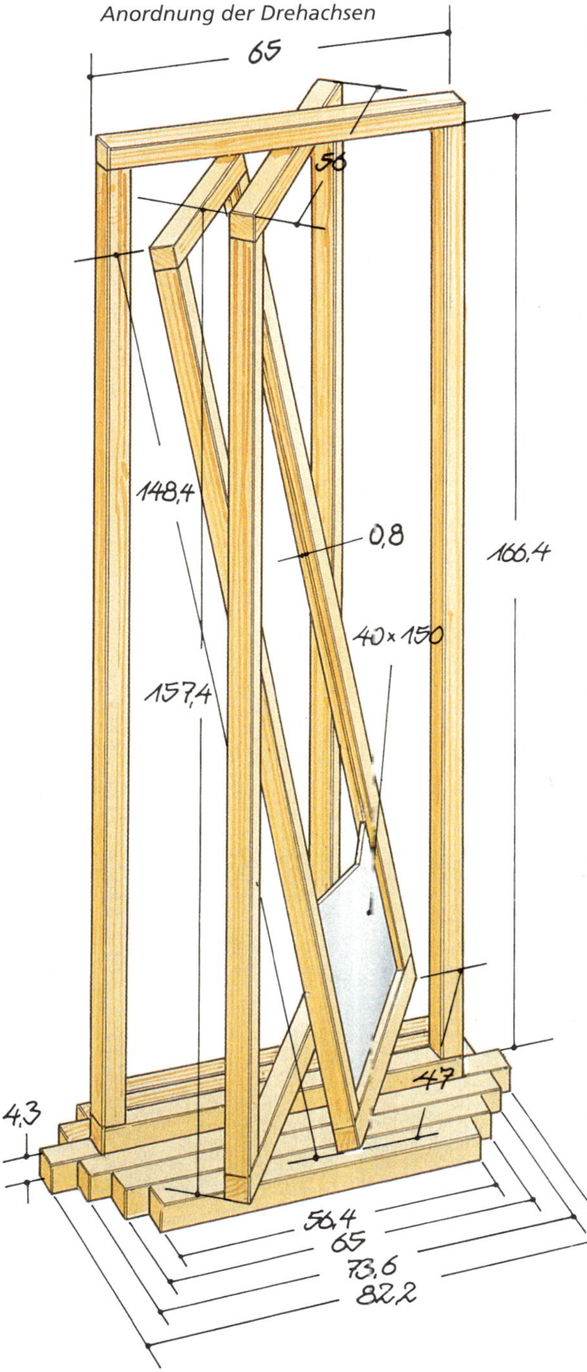

Ruck, zuck ist der Spiegel fertig

Der Materialaufwand für den Spiegel ist überschaubar, neben einigen Metern Massivholzleisten – z. B. Kiefer oder Buche – stehen Schrauben und Dübelhölzer auf der Einkaufsliste. Für den Zusammenbau sind einige Elektrowerkzeuge gefragt: eine Tischkreissäge mit Winkelanschlag, um Leisten sauber abzulängen und Nuten für den Spiegel schneiden zu können, und eine stationäre Oberfräse, um alle Kanten mit leicht gerundeter Fase zu versehen. Wenn diese Maschinen nicht zur Ihrer Ausstattung zählen, lassen Sie die Leistenzuschnitte beim Holzhändler ausführen und die Nutfräsungen beim Tischler in der Nachbarschaft. Das Abrunden der Kanten gelingt, zeitaufwendiger und nicht so exakt, auch per Hand mit Schleifpapier und Schleifklotz. Auf Bohrmaschine und Bohrständer können Sie allerdings nicht verzichten, sämtliche Löcher für Schrauben und Dübelstäbe werden damit hergestellt – außerdem gehören sie auch dazu, wenn es um andere schöne Bauideen für Selbermacher geht.

***Unter dem Bohrständer** durchbohrt man die Leisten für die Schraubverbindungen und bohrt die Sacklöcher für die Drehachsen.*

Dübelhölzer – viel mehr wird nicht gebraucht.

Von der inneren *zu den äußeren Leisten wird der Fuß zusammengeschraubt, die äußeren Leisten werden nur angeschraubt.*

Eine 8 mm tiefe Nut *wird für den Spiegel ausgesägt. Bei Einsetzschnitten wird der Rest der Nut mittels Stechbeitel herausgearbeitet.*

Mit einer Klemmzwinge *wird die Rahmenkonstruktion fixiert, wenn der Spiegel eingesetzt ist und der Rahmen verschraubt wird.*

Nur Dübelachsen *und U-Scheiben haben Kontakt zu dem Rahmen mit Spiegel. Die Leisten des zweiten Rahmens werden jetzt verschraubt.*

Durch den Sockel *hindurch werden Holzschrauben gedreht, die den oben noch offenen Rahmen (obere Leiste zuletzt) festsetzen.*

Auf die Dübelachse *gesteckt wird der vorgebohrte mittlere Rahmen, abschließend die obere Querleiste aufgebracht und festgeschraubt.*

Fünf schöne Maßanzüge

Der Rahmen *aus den quadratischen Holzleisten wird horizontal und vertikal mit Jute-Sitzgurten bespannt, die an ihren Enden mit Tackerklammern fixiert werden.*

Quadratische Leisten sind mit Schrauben stumpf zusammengefügt. Hinten dient ein Einhängebeschlag, notfalls tut's auch eine einfache Schraube, als Wandhalter.

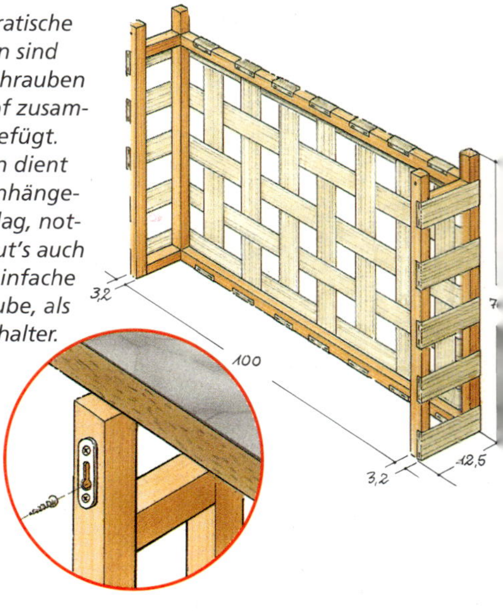

für langweilige Heizkörper

Mit einer maßgefertigten Verkleidung tarnen Sie den unschönen Heizkörper und bekommen ein Möbel, das zum Einrichtungsstil paßt.

Rotbraun gibt auf diesen beiden Seiten den Ton an: auf der linken das Flechtwerk mit einem Rahmengestell aus Massivholzleisten und einer Bespannung aus Jute-Sitzgurten. Dazu schneiden Sie die Leisten, quadratische Holzstäbe ca. 32 × 32 mm, gemäß den individuellen Abmessungen Ihres Heizkörpers zu. Jute-Sitzgurte bekommen Sie in der Polsterei oder im Dekorationsbedarf. Mit ein wenig Glück als Meterware, anderenfalls müssen Sie etwa 70 DM für eine 50-m-Rolle einplanen. Auf dieser Seite zeigen wir Ihnen eine Verkleidung mit, so scheint es, Luftleitblechen wie bei Rennwagen – quasi eine Heizung mit Spoiler. Drei senkrechte Stäbe tragen die Konstruktion, die, wie die schräggesägten Lamellen, aus MDF-Platte zugeschnitten sind. Wenn Sie rohbelassene Oberflächen nicht mögen, können Sie die Stäbe mit Lacken oder Lasuren veredeln.

Die Verkleidung wird genau in die Heizkörpernische eingepaßt. Kleinere Differenzen in der lichten Weite werden mit Keilen zwischen Stab und Fensterbank ausgeglichen.

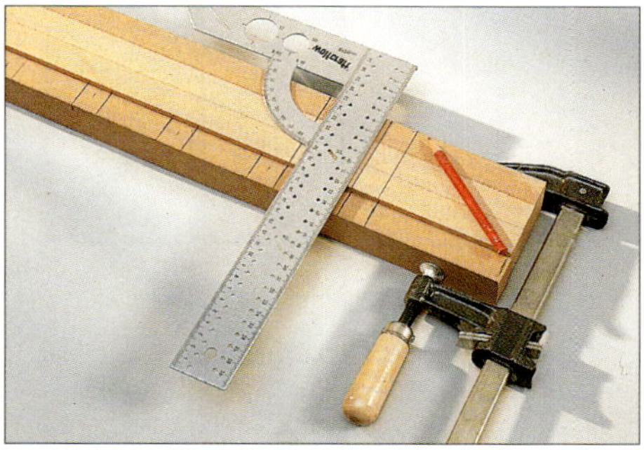

Die senkrechten Stäbe bekommen in regelmäßigen Abständen Markierungen, durch die die Positionen – Höhe und Abstände – der waagerechten Leisten festgelegt werden.

Die rückwärtigen Schrauben werden im ersten Drittel des markierten Feldes positioniert, so können sie nicht auf der Gegenseite austreten (Schrägschnitt der Lamellen!).

Preiswerte Lösung: Ein einfaches Bambusrollo – für wenig Geld in Wohnbedarfsläden zu bekommen – wird zweimal Sichtschutz: vor dem Fenster und vor dem Heizkörper.

Das Rollo wird durchtrennt, die Enden der Leinen durch Verknoten gesichert. Auf dem Stab, er trägt den Rolloteil unterm Fenster, wird mit Tackerklammern befestigt.

Materialien mit neuer Funktion

Alles bekannte und zudem preiswerte Materialien, die wir für die Ideen auf diesen beiden Seiten ausgesucht haben: ein preiswertes Bambusrollo (ca. 25 DM), dessen einer Abschnitt unterhalb der Fensterbank montiert ist; ein Relingnetz, wie man es sonst nur an Segelyachten sieht (kombiniert mit praktischer Ablage für Badutensilien und Handtuchhalter), und ein Vorhangstoff, der an den Enden für die Aufhängung Segeltuchösen für Gummiringe (z. B. aus dem Sanitärbedarf) bekommt.

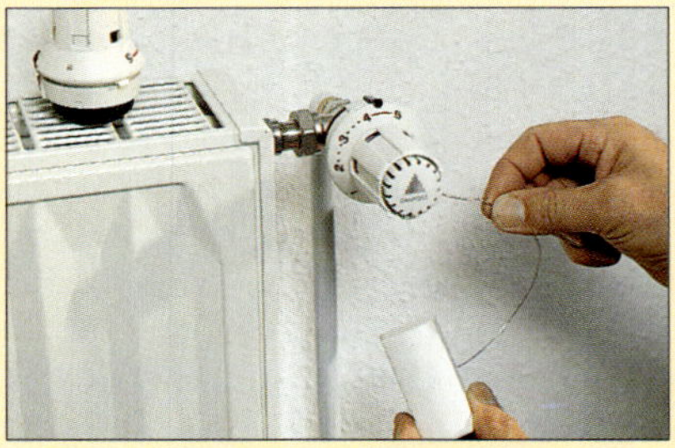

Bei Wärmestau: Fernfühler

In Heizkörpernischen kann es zum Wärmestau kommen, Fehlmessungen sind die Folge. Ein Fernfühler wird in einiger Entfernung montiert und übermittelt die tatsächlichen Temperaturwerte zum Thermostatkopf.

Kennen Sie das? *Ein preiswertes Relingnetz (60 cm breit) aus dem Seglerbedarf kaschiert den Heizkörper, ein Halbrundstab an der Ablage hält das – vorgewärmte – Handtuch bereit.*

Hält allen Stürmen stand: *Das Segel aus einfachem Vorhangstoff läßt den Heizkörper verschwinden, freier Raum oben und unten sorgt für ungehinderte Zirkulation.*

Um einen Holzstab *wird das Relingnetz gewickelt und mit Holzschrauben unter dem Bord befestigt. Den vorderen Abschluß bildet ein Halbrundstab (hier nicht montiert).*

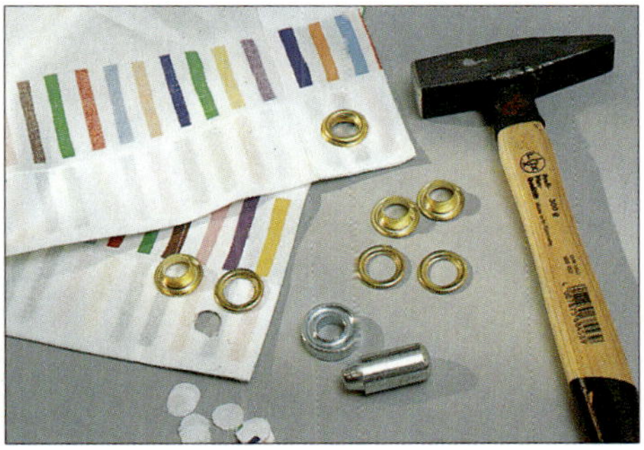

In den Ecken *der Stoffbahnen werden mit dem Schlagwerkzeug Löcher für Segeltuchösen gestanzt. Ösen und Werkzeug bekommen Sie im Handel für Seglerbedarf.*

Regale fertig gekauft

und ideenreich umgebaut

Mit Regalen aus dem Möbelhaus kann man eine ganze Menge machen. Mit guten Ideen kommen sie ganz groß raus.

Regal gekauft, aufgestellt, Bücher hinein, so kann man es machen. Heraus kommen Lösungen, die vor allem praktisch sind. Aber nicht immer auch nett anzuschauen. Wer Sinn für schöne Einrichtung und fürs Heimwerken hat, kann ungleich attraktivere Möbel gestalten. Manchmal genügen schon einige gekonnte bauliche Zusätze. In diesen Beispielen wurde ein Regalklassiker weiterentwickelt: Mit seinen diversen Maßen und verschiedenen Oberflächen eignet sich z. B. das Regal Billy von Ikea (Foto unten) ausgezeichnet für die verschiedensten Einsatzgebiete und für nahezu jede Verschönerungsidee: als Bücherregal mit Schiebeblende (großes Foto), als Garderobenelement (Beispiel 2), als Spielzeugwand im Kinderzimmer (Beispiel 3), als Büroregal mit Schreibtisch (Beispiel 4) und als tolles Allzweckbord im Jugendzimmer (Beispiel 5).

5

Eine einfache **Tischlerplatte** vorm Regal

Die Schiebeblende verdeckt das Regal in der Breite eines Elements. Damit sie nicht aushakt, werden in der Nähe der Regalaußenwände Stifte in die Sockelblende eingelassen.

Die Blende läuft nicht von der Aluschiene, wenn an deren beiden Enden Stopper eingefügt werden.

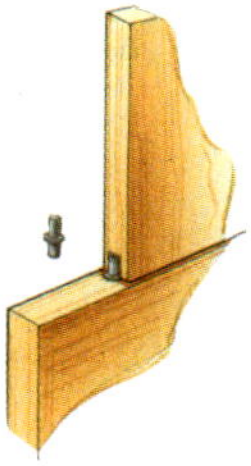

Sechs einfache Bodenträger, die aus der Sockelblende nach oben herausragen, dienen als Führung für die Schiebeblende. Sie greifen in die eingesägte Nut.

1 Regal mit Schiebeblende

Ein Möbel mit klassischen Farbkombinationen, das ist die Billy-Bücherwand in Schwarz mit einer vorgesetzten Schiebeblende in Buche. Zwar gewinnt man mit der Tür keinen wirklichen praktischen Nutzen, doch aus der nüchternen Bücherwand wird durch den auffälligen Zusatz ein modernes Einrichtungsstück. Zum guten Aussehen trägt auch der Sockel in Buche bei, der unten angefügt wird.
Seine Hauptfunktion hat er allerdings als Führungsleiste für die Tür. Die wird oben in ein Winkelprofil aus Aluminium eingehängt, Schiebetürrollen sorgen hier für eine bequeme Handhabung.
Die drei schwarzen Billy-Regale sind 202 cm hoch und je 80 cm breit. Mit einer Höhe von 220 cm ragt die Schiebeblende oben also kräftig über die Regale hinaus. Die Regale baut man nach Anleitung auf, verschraubt sie miteinander und befestigt sie mit kleinen Winkeln an der Wand. Die Tischlerplatte mit Buchenfurnier erhält an der Unterseite eine gefräste Nut. Hier greifen simple Bodenträger hinein, die als Führung auf den Sockel gesteckt werden. An der Oberseite der Platte werden zwei Schiebetürrollen angeschraubt. Man braucht sie nur noch über die Winkelschiene auf den Regalen zu hängen.
Wer ein dekoratives Element in der Türfläche haben möchte, etwa einen Kreisausschnitt wie in diesem Beispiel, fertigt diesen mit einer Stichsäge an. Die Schnittkanten werden mit Umleimerstreifen versehen: mit dem Bügeleisen aufbügeln und überstehende Kanten mit dem Stecheisen abstoßen. Die Schattenfugensäge, mit der sich die Führungsnut der Platte gut schneiden läßt, kann man in entsprechenden Geschäften oder beim Tischler leihen.

Mit der Schattenfugensäge läßt sich die Führungsnut an der Unterseite der Schiebeblende sauber einsetzen. Die Schnittiefe: etwa 5 mm.

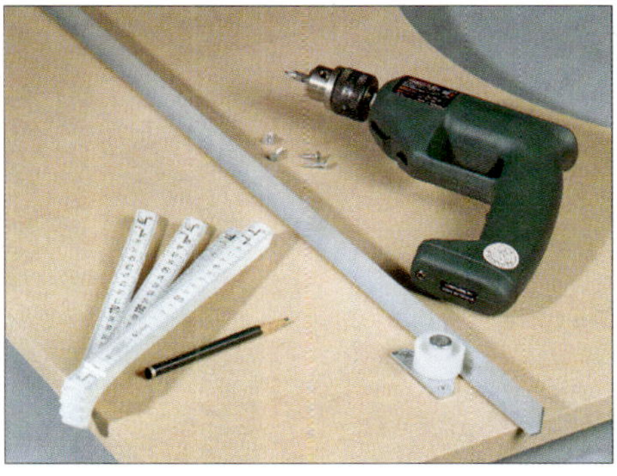

Die Schiebetürrollen müssen exakt montiert werden, damit die Türplatte hängt und einige Millimeter Abstand zum Blendsockel hat.

Eine kreisförmige Aufhängung herstellen, das geht einfach mit Holzscheiben, zwischen denen die Kleiderstange geschraubt wird.

2 Garderobenregal mit Haken

Stauraum im Flur kann man immer gut gebrauchen. Wenn man zwei Regale einmal nicht mit den Rücken, sondern mit den Seiten zur Wand aufstellt, ergibt sich auch bei schmalen Fluren eine interessante Lösung: Man kann zwischen den Regalen eine Garderobe installieren, oben mit einer Stange für Kleidung, die an Bügeln hängt, unten ergibt sich der Raum für Schirmständer, Körbe, Schuhborde etc.
Je nach Platz werden die Regale ausgewählt, in diesem Beispiel boten sich zwei Billy-Regale von Ikea der Breite von 60 cm an: Sie stehen nicht zu weit in den Raum vor und bieten mit der Höhe von 202 cm ungemein viel Stauraum.
Zwischen beiden Regalen kann man nun eine Kleiderstange einfügen, etwa einen Abschnitt von Aluminium- oder Kupferrohr, die in passenden Lagerbeschlägen Halt finden. In diesem Beispiel wurde eine geschwungene Garderobenleiste verwendet, die zusätzlich durch zwei Scheibenelemente aus Holz verschönert wird: kreisrunde Scheiben aus MDF (Mitteldichte Faserplatte), die man mit der Stichsäge im Viertelkreis ausschneidet und so als Auflage für das Regal vorbereitet. So ergibt sich zusätzlich ein farblicher Akzent im Flur.

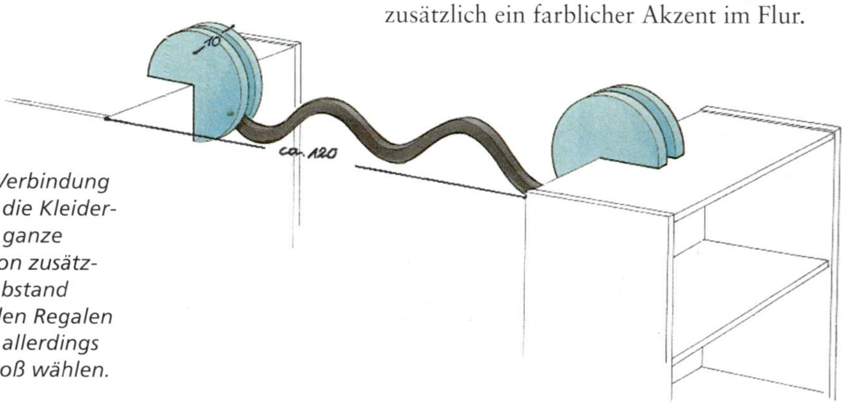

Bei fester Verbindung stabilisiert die Kleiderstange die ganze Konstruktion zusätzlich. Den Abstand zwischen den Regalen sollte man allerdings nicht zu groß wählen.

3 Regalwand mit Dekoration

Im Kinderzimmer dürfen die Regale nicht zu hoch sein, sonst kommen die Kleinen nicht mehr an ihr Spielzeug heran. Mit flachen Regalen, im Billy-Programm von Ikea ist die Standardhöhe von 106 cm verfügbar, kann man praktische Stauelemente aneinanderreihen, in denen bei einer Regaltiefe von 28 cm auch Großformatiges wie Spielekartons Platz findet und trotzdem jederzeit zugänglich bleibt. Wem Regal an Regal zu langweilig wird, kann ohne weiteres ein Dekorationselement hinzufügen, etwa eine effektvolle Lichtwand wie in diesem Beispiel. Man verwendet dafür Tischlerplatte oder MDF. Beide Plattenarten bieten den Vorteil, daß man mit der Stichsäge Zierfiguren hineinsägen kann, ohne daß die Sägekanten abbröckeln, wie es bei Spanplatten der Fall wäre. Außerdem eignen sich beide für eine Oberflächenlackierung. Fest an die Wand kommt eine Dekorplatte, indem man einen Rahmen mit Dachlatten an die Wand dübelt. Hieran wird die Platte mit Winkeln festgeschraubt (oder von vorn mit Schrauben durch die Platte). Schraubenlöcher werden vor dem Lackieren zugespachtelt.

Ein aufgenagelter Streifen aus Aluminiumlochblech verdeckt an der Oberkante der Dekorplatte den Zwischenraum zur Wand.

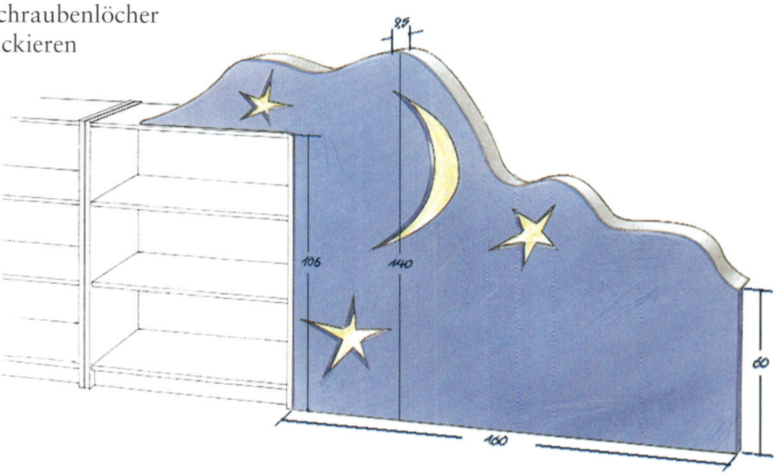

Durch die Unterlattung mit Dachlatten entsteht zwischen Dekorplatte und Wand ein Zwischenraum, der sich effektvoll nutzen läßt – zum Beispiel mit einer Lichterkette.

***Ideal vorm Fenster:** je ein Regal an den Seiten, dazwischen kommt die Platte. Deren Kante wird mit der Stichsäge geschnitten.*

Ein geschlossenes Bild ergibt sich, wenn die Platte in die Regale hinein verlängert wird. Die freie Form wird in Quadriertechnik von einer Skizze auf die Platte übertragen.

4 Regal mit Schreibtisch

Wer einen Büroarbeitsplatz einrichten möchte, kann schnell einige hundert Mark ausgeben, vor allem für einen Schreibtisch. Soll der neue Schreibtisch auch noch eine Computeranlage aufnehmen, wird es auf herkömmlichen Möbeln schon mal eng. Eine selbstgebaute Arbeitsplatte ist da vielfach die beste Lösung: Man kann sie in der notwendigen Tiefe anlegen – sehr wichtig, um einen Computermonitor richtig aufzustellen – und auch passend dimensionieren. In eine Regalwand integriert, ergibt sich so ein zweckmäßiger und günstiger Schreibplatz.
Die Regale, hier zwei Billy-Regale von 202 cm Höhe und 80 cm Breite, bilden den tragenden Rahmen für die selbstkonstruierte Platte. Ihre freie Form sägt man am besten aus MDF zu. Jede Lösung ist dabei möglich, ob geschwungen oder mit Ecken. Aus dem Abfallstück der Platte kann man die Aufdoppelung für die Vorderkante gewinnen: Entlang der Schnittlinie sägt man mit der Stichsäge einen ca. 10 cm breiten Streifen ab. Der wird unter die Vorderkante geleimt, so daß die Platte massiver wirkt. Abschließend wird mit Oberfräse oder Schleifmaschine vorn abgerundet, dann geht es ans Lackieren.

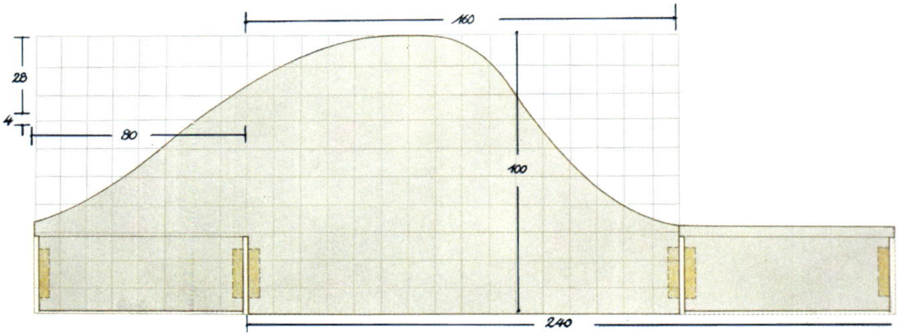

5 Regal mit Blendrahmen

Bei Möbeln haben junge Leute häufig einen besonderen Geschmack. Wem es mit Regalen pur zu langweilig wird, kann sie natürlich so richtig «aufmotzen» – mit einem Leuchtrahmen und einer auffälligen Farbzusammenstellung. Grundelement auch hier: zwei Billy-Regale von Ikea, diesmal in Kirschbaum. Dazu paßt ein Rahmen, den man sich aus MDF-Zuschnitten zusammensetzt und ganz nach Wunsch farbig lackiert, z. B. in Anthrazit. Die Konstruktion des Rahmens legt man wie einen Kasten an: mit einer Seitenwand, einer stabilisierenden Rückwand, der überstehenden Frontseite und einer durchlaufenden Sockelblende. Dann wird alles stabil, und alle technischen – vor allem stromführenden! – Teile der Beleuchtung können so verlegt

Eine farbenprächtige Regalwand wird mit einem Plattenrahmen realisiert. Die Lochabdekkung innen: ein aufgetackerter Gazestreifen.

werden, daß sie keine Gefahr darstellen. In die Frontplatte werden Löcher eingesägt, je nach der gewünschten Größe mit Forstnerbohrer (bis 45 mm Durchmesser) oder mit der Lochsäge (beides Zubehörteile für die Bohrmaschine). Die Löcher werden mit einem Gazestreifen abgedeckt, den man innen auftackert oder aufklebt. Im Kasten montiert man Leuchtstofflampen.

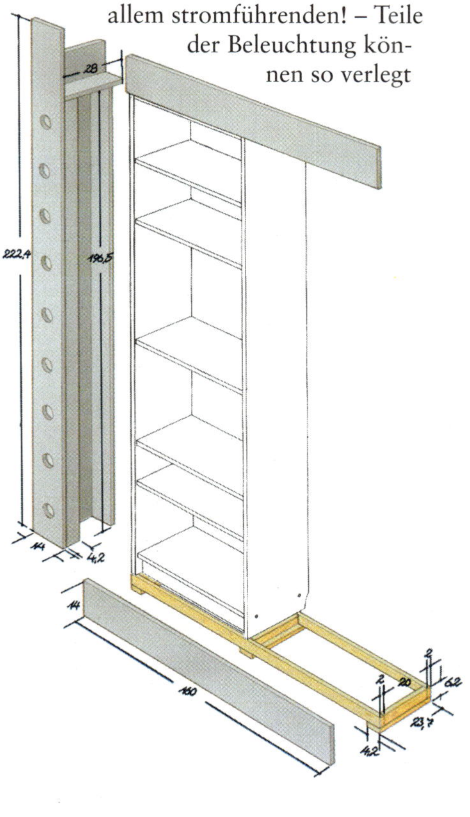

Um die Regalwand rundherum rahmen zu können, stellt man die Regalelemente auf einen Sockel: Dachlatten genügen.

Einfach tierisch: die Giraffe

Ein Bleistift mit Holzkugel wird im eingestecktem Zustand zum Giraffenhorn. Hat die Giraffe Pause, wird sie aus der Türöffnung zur Seite geschoben.

mit Blick für wahre Größe

Wenn der Hals der Giraffe länger und länger wird, sind Lena, Lukas und Jonas wieder ein paar Zentimeter größer geworden.

Ein neuer Mitbewohner im Kinderzimmer, der für viel Aufregung und eine Menge Spaß sorgt: Die, zumindest im Vergleich mit ihren Vorbildern in der Natur, kleine Giraffe nimmt Maß und zeigt den kleinen Bewohnern des Zimmers jede auch noch so kleine Änderung der Körpergröße.
Zum Messen wird die Giraffe in den Türrahmen geschoben. Der Sockel steht auf zwei verdeckt angeordneten Schubkastenrollen, ineinandergreifende Leisten (Prinzipzeichnung auf Seite 64) sorgen für die Führung. Der Clou der Giraffe verbirgt sich im Hals: eine Meßleiste mit Zentimeterskala, die mittels Schrauben an der Rückwand geführt und gehalten wird. Die Skala beginnt bei 82 cm Höhe, mit weichem Bleistift – mit einer Holzkugel versehen, stellt er das Horn der Giraffe dar – werden Datum und Meßergebnis auf den Türrahmen übertragen.

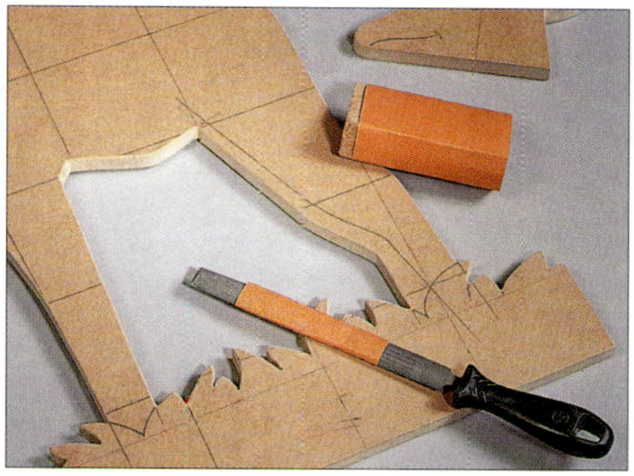

***Die Kanten** mit Schleifpapier und Schleifkork brechen, in engen Zwischenräumen mit einer mit Schleifpapier umwickelten Halbrundfeile.*

***Die Meßleiste** wird hinten an den Kopf geschraubt und durch Rundkopfschrauben geführt. Das Maßband vorn auf die Leiste kleben.*

***Die Kontur** wird mit Hilfe eines Rasters auf die MDF-Platte übertragen und mit Elektrostichsäge, bestückt mit Kurvenblatt, ausgeschnitten.*

***Die Führungsleisten** werden mit Drahtstiften auf den Leisten fixiert, beides zusammen mit Holzschrauben auf dem Korpus montiert.*

Mit einer Schablone geht es der Giraffe ans Fell.

Wasserverdünnbaren Acryllack auftragen, Zwischenschliff mit 240er Schleifpapier, dann den abschließenden zweiten Farbauftrag.

Mit einem Cutter die Fellflecken aus der Schablone ausschneiden, auf dem Brett montieren und mit lackgetränktem Schwamm auftupfen.

Das Wandlager für die Führungsleisten des Giraffenkörpers an der Wand montieren. Leichtes Spiel sorgt für klemmfreies Schieben.

Lager und Gegenlager: Hinter dem „Steppengras“ verbirgt sich die Führungsmimik, deren Lauf durch Schubkastenrollen unterstützt wird.

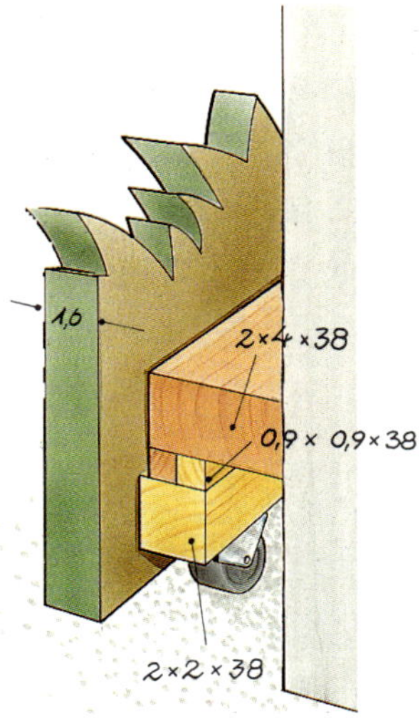

Die Vorlage mit Hilfe eines Fotokopierers vergrößern (ein Rasterfeld entspricht 10 cm) und auf Bauplatte und Papierbogen übertragen.

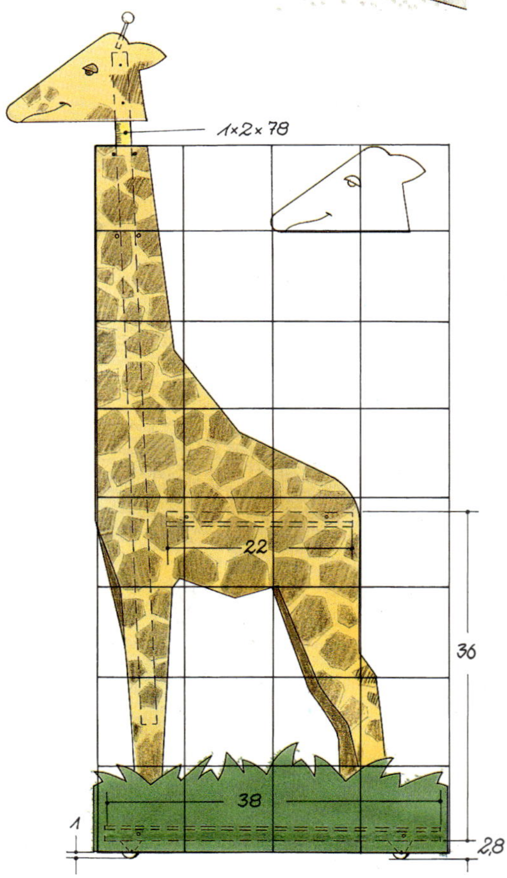

Meisterwerke von der Rolle

Ein Platz zum Malen und Zeichnen, ein Regal mit viel Raum für die Bücher und das Spielzeug – das geht nur mit unserem Malregal.

Ein Malregal, das ist doch sicher wieder eine Wortschöpfung der Selbermacher, werden Sie denken. Und Sie haben recht, wo sonst sieht man Möbel, die so unkonventionell verschiedenste Funktionen vereinen? Und die bekommen dann mitunter etwas eigentümliche Namen.
Das alles interessiert Karlotta überhaupt nicht. Sie findet einfach toll, daß sie hier so viel malen kann, wie sie möchte. Daß es dazu noch ein Regal für ihre Bücher gibt, findet sie durchaus in Ordnung, aber längst nicht so interessant. Ihre Eltern sind begeistert über jedes neue Kunstwerk in Buntstifttechnik – und über die neue Ordnung in Karlottas Zimmer.

Eine Holzachse trägt die Makulaturtapete, zum Wechseln der Rolle wird eine der Kugeln abgezogen und die Achse herausgezogen.

Endloser Spaß am Zeichnen. Die fertigen Bilder werden unten herausgezogen und abgerissen.

– ein Malregal für Künstler

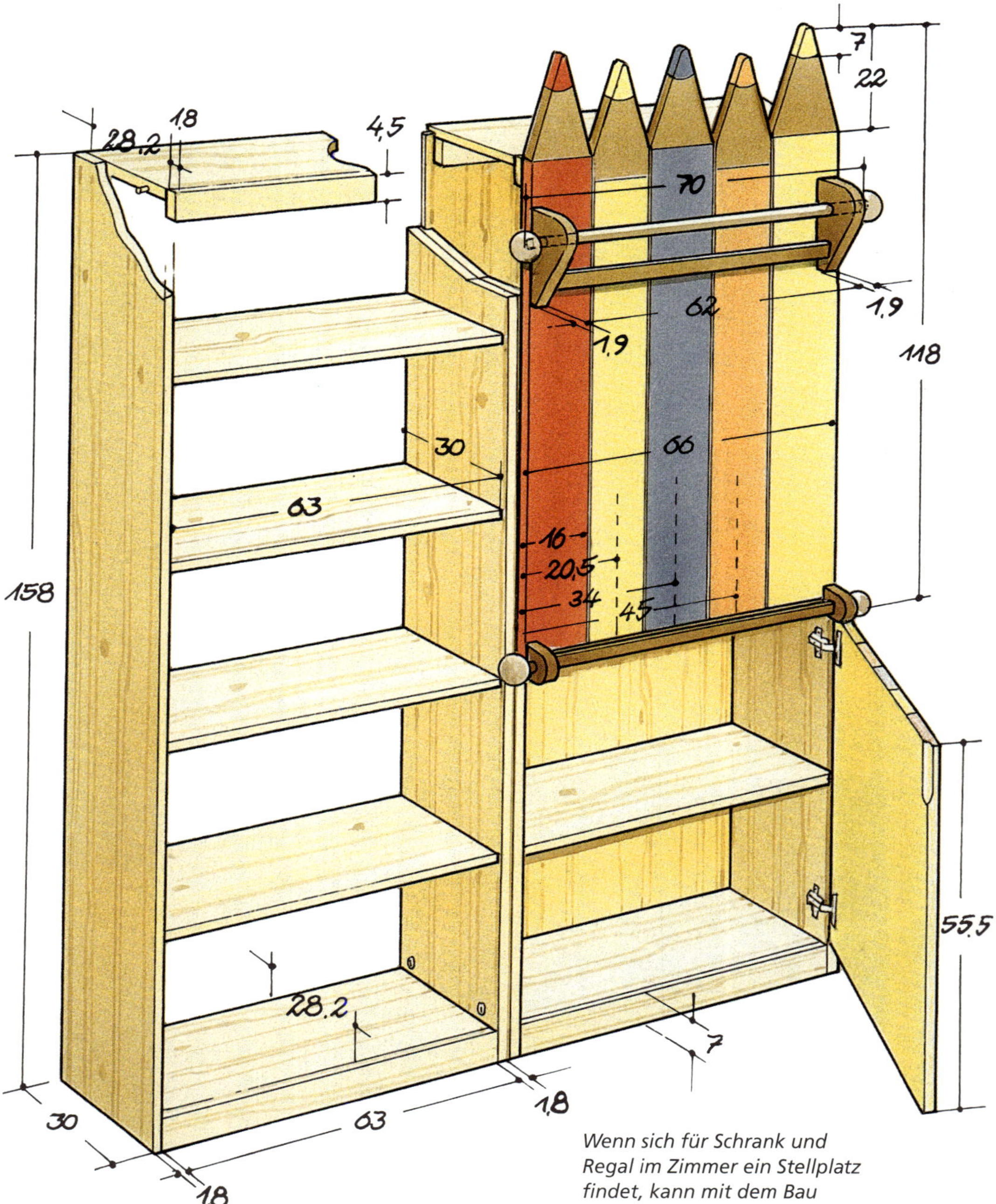

Wenn sich für Schrank und Regal im Zimmer ein Stellplatz findet, kann mit dem Bau begonnen werden. Die nötigen Maße zeigt unsere Konstruktionszeichnung.

Farbe auf die Schrankfront

Dank der einfachen Konstruktion wird der Bau von Schrank und Regal keine Schwierigkeiten bereiten. Die Dimensionen sind so gewählt, daß Sie für die durchlaufenden Seitenwangen Leimholzplatten in 30 cm Breite verarbeiten können, dadurch entfallen Zuschnittarbeiten. Wenn Sie es sich einfacher machen wollen, können Sie vergleichbare Schrankkorpusse preiswert im Möbelhandel erstehen. Dann fällt nur noch der Bau der Tür und das Bohren der Löcher für die Topfscharniere an. Bedenken müssen Sie dann nur, daß sich die Maße der Türen entsprechend den Abmessungen der gekauften Möbel ändern.
Sind die Türblätter fertig zugeschnitten, wird die Fläche zweimal grundiert, dann fein geschliffen. Zwei- bis dreimal muß die Farbe Gelb auf der ganzen Türfläche (nicht auf den Buntstiftspitzen) aufgetragen werden, um die nötige Deckung zu erreichen. Auch die Türrückseiten werden gelb lackiert. Dann können die Felder der anderen Farben – Orange, Rot und Blau – eingegrenzt und mit der Schaumstoffrolle eines nach dem anderen lackiert werden.

Die Rückwand aus Sperrholz wird von einer umlaufenden Nut des Korpus aufgenommen.

Randscharfe Farbtrennungen erreichen Sie, wenn die Felder sauber mit durchsichtigem Band (z. B. Uhu film) abgeklebt werden.

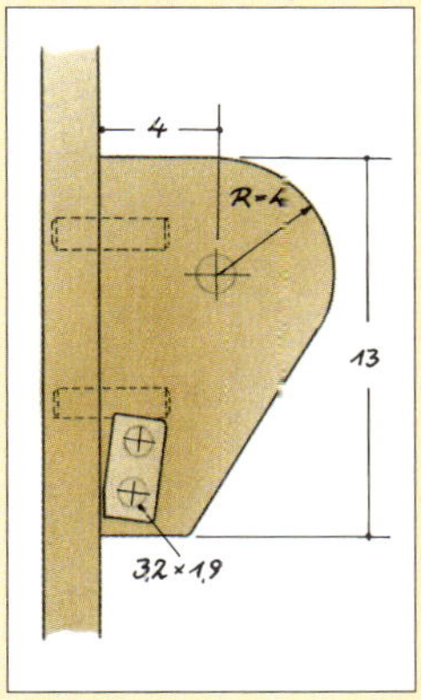

Die Halterung für die Rolle im Detail: Die Einzelteile werden aus einer 19 mm dicken MDF-Platte zugeschnitten, als Achse für die Rolle dient ein glatter Dübelstab mit 12 mm Durchmesser.

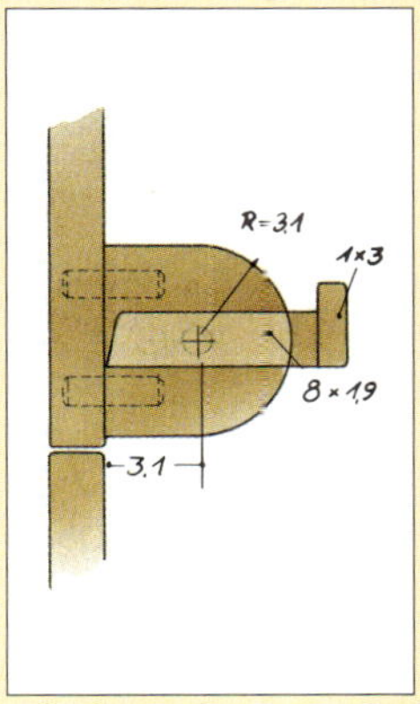

Das untere Ablagebord bekommt eine drehbar gelagerte Abreißkante, die selbsttätig die Zeichenrolle sichert. Beim Einfädeln der Papierbahn wird sie leicht nach unten gekippt.

Klassiker mit gutem Stand:

Zwei Abteile, die mit großzügigen Abmessungen über-zeugen: Unter der aufklappbaren Schreibplatte und in der Schublade ist viel Platz für die Schreibutensilien.

Stehpult aus Massivholz

Wie in einem alten Kontor: Schreiben, Grübeln und Telefonieren in entspannter Haltung – die Neuauflage eines besonderen Möbels

Egal welcher Einrichtungsstil, ein Stehpult paßt überall hin – allemal, wenn es in schönem Eschenholz daherkommt. Der Platzbedarf ist klein, das Pult gibt sich mit einer Stellfläche zufrieden, die ein Stuhl beansprucht. Und dort – in Flur, Küche oder Wohnraum – sind zukünftig aus dem Stand schnell ein paar Notizen beim Telefonieren oder eine Liste für den Einkauf gemacht. Daß stehende Tätigkeiten gesunder als sitzende sind, wissen Sie längst. Gute Gründe also, umgehend den Bau des Stehpults zu beginnen.

Eine Bohrlehre, aus Restholz gefertigt, dient zum Bohren der Dübellöcher in den Hirnenden der Zargen und Streben. Ausrichten und mit Zwinge festspannen.

Die Stollen, Zargen und Streben des Untergestells werden aus je zwei 55 mm breiten, 18 mm dicken Leimholzstreifen verleimt. Die Zulagen sollten aus beschichteter Platte sein.

An den Beinstollen den angeleimten Schenkel der Bohrlehre festspannen, nachdem der mit Schrauben fixierte entfernt ist. Gebohrt wird mit einem Zentrierbohrer, ∅ 12 mm.

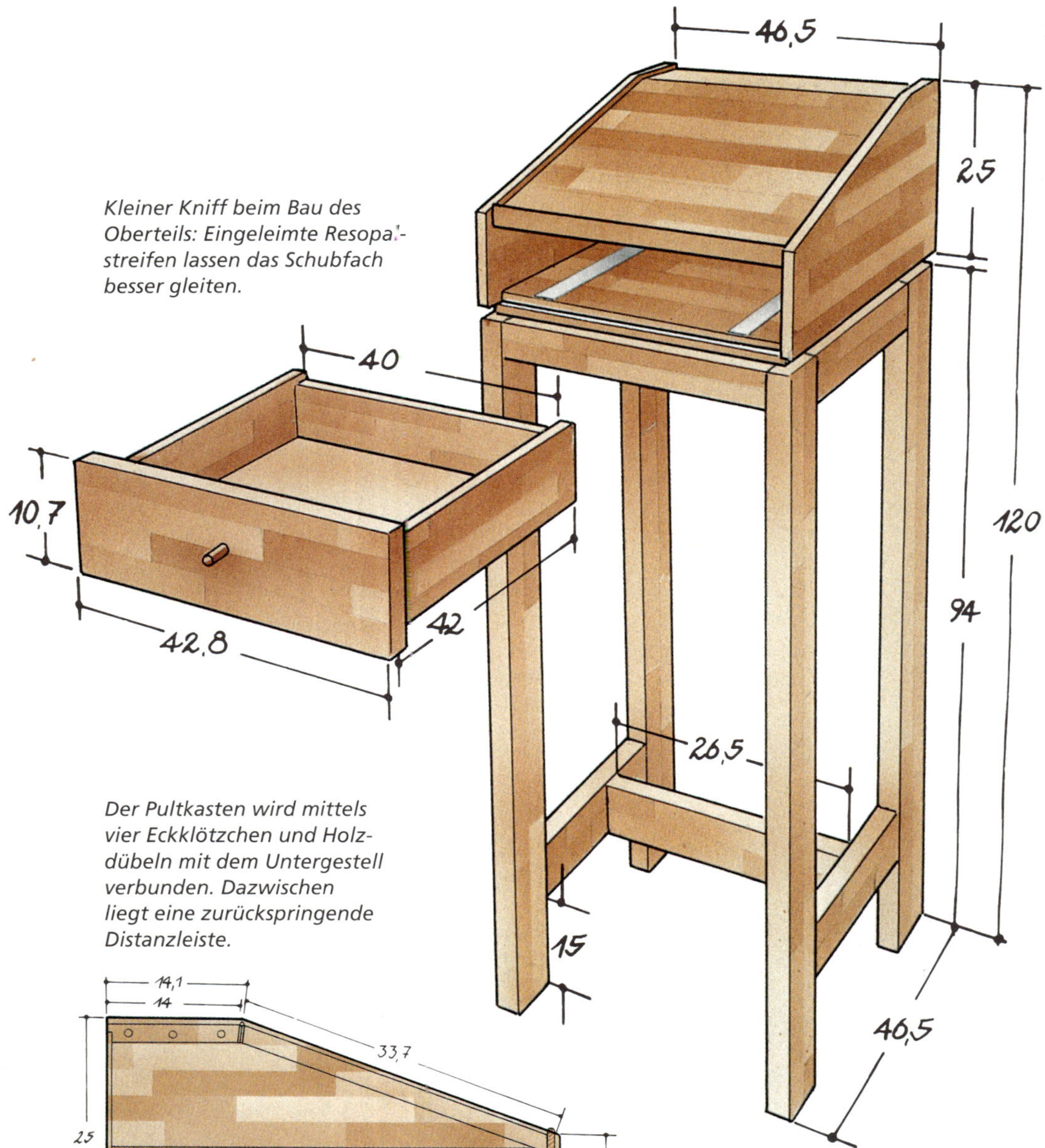

Kleiner Kniff beim Bau des Oberteils: Eingeleimte Resopal-streifen lassen das Schubfach besser gleiten.

Der Pultkasten wird mittels vier Eckklötzchen und Holzdübeln mit dem Untergestell verbunden. Dazwischen liegt eine zurückspringende Distanzleiste.

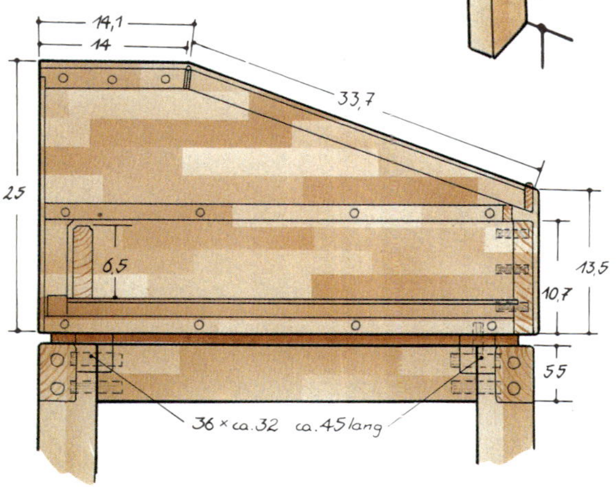

wird beim Holzeinkauf viel Geld gespart.

Mit Holzdübeln und Weißleim

Eschenleimholz ist sehr schön, aber nicht ganz billig. Dafür allerdings brauchen Sie für dieses Möbel nur zwei 18 mm dicke Platten von 40 cm Breite und 250 cm Länge einzukaufen. Überall, wo dickeres Material benötigt wird, doppeln Sie es durch Verleimen einfach auf.
Ebenso traditionell wie die Pultform ist die Verbindungstechnik, die für den Zusammenbau gewählt wurde: Holzdübel und Weißleim geben dem Möbel Stabilität. Das gilt fürs Untergestell ebenso wie für den Pultaufsatz. Damit die Dübel mittig in den Kanten der Böden oder Stollen sitzen, wird beim Bohren der Dübellöcher in den Hirnkanten (Schnittkanten) eine selbstgefertigte Bohrlehre eingesetzt.

Die Dübelpositionen reißen Sie mit Hilfe eines Winkels auf den Seitenteilen und den drei Böden (zwei große aus Tischlerplatte, der schmale obere aus Leimholz) paßgenau an.

Die Seitenteile des Pultkastens, deren Schräge mit einer Stichsäge abgetrennt wurde, spannt man bündig zusammen. Die Schnittfläche von oben nach unten mit dem Hobel glätten.

Eine Bohrlehre (hier mit Zulageplatte) vereinfacht das Bohren der Dübellöcher in den Kanten der Pultböden. Die Dübellöcher in den Seiten unter dem Bohrständer bohren.

__Das Klappenscharnier__ wird vor dem Verleimen des Aufsatzes im Oberboden eingelassen: Die Holzkante mehrfach einsägen, Holzreste mit dem Stecheisen ausstechen.

Aufriß und Stückliste erstellen

Was Sie unbedingt tun müssen, bevor Sie Baumaterial einkaufen, ist, einen Aufriß im Maßstab 1:1 nach der Zeichnung auf der Vorseite zu erstellen – und eine Stückliste, nach der Sie später die einzelnen Positionen paßgerecht zuschneiden können. Das beim Bau des Pults verwendete Material ist überwiegend 18 mm dickes Eschenleimholz. Die Esche ist ein grob strukturiertes, aber geradfaseriges Hartholz mit weißlicher bis hellbrauner Farbe. Es läßt sich problemlos mit Beizen, Lacken und Lasuren veredeln.
Die beiden unteren Böden des Pultaufsatzes sind aus 16 mm dicker Tischlerplatte, Schubkastenseiten und Rückwand aus 12 mm dickem Sperrholz.

__Zum Verleimen__ der Pultkorpus-Seiten mit den Böden schneidet man sich Zulagen aus dicker, beschichteter Spanplatte zu. Mindestens vier Knechte ansetzen und festspannen.

__Die Pultrückwand__ aus 5 mm dickem Sperrholz wird in einen Falz eingepaßt, der zuvor eingesägt und ausgestemmt wurde. In den Pultecken sichtbar: die Schubfach-Stoppklötze.

eingelassene Scharniere für das schöne Stehpult

Die Schubkastenseiten und das Hinterstück werden mit einer Nut versehen. Das Hinterstück ist so bemessen, daß man den Sperrholzboden von hinten einschieben kann.

Probeweise zusammenstecken sollte man das Untergestell, bevor es verleimt wird: Fehler können jetzt noch korrigiert werden. Vor dem Verleimen sämtliche Kanten brechen.

Als Schattenfugen wirken die aufgeleimten, um etwa 1 cm zurückspringenden Distanzleisten auf dem Untergestell. In den Ecken: Holzklötzchen zum Aufdübeln des Pultaufsatzes.

Schön betont werden die einzelnen Stäbe des Eschenleimholzes, wenn man die Holzoberfläche mit flüssigem Holzwachs behandelt. Ein- bis zweimal streichen.

Telefon, Fax &

Schnell gebaut: Ein Regal aus dem Möbelhaus, zwei einfache Borde aus der Werkstatt des Selbermachers – so entsteht ein schöner Telefonplatz.

Co. bestens untergebracht

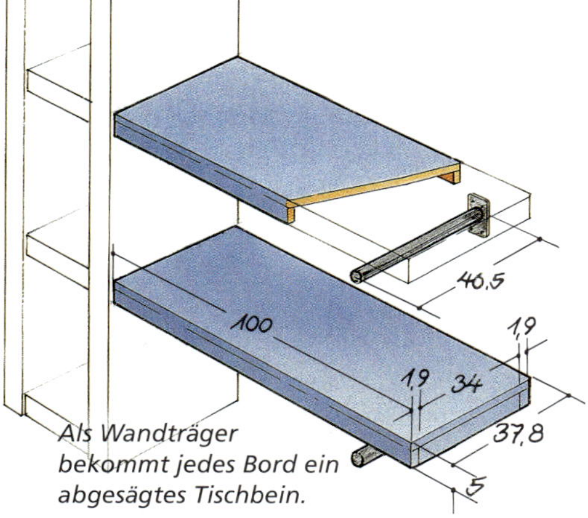

Als Wandträger bekommt jedes Bord ein abgesägtes Tischbein.

Die Regalböden sind aus 19 mm starker MDF-Platte, deren sichtbare Kanten mit einem 31 mm breiten Streifen aufgedoppelt werden.

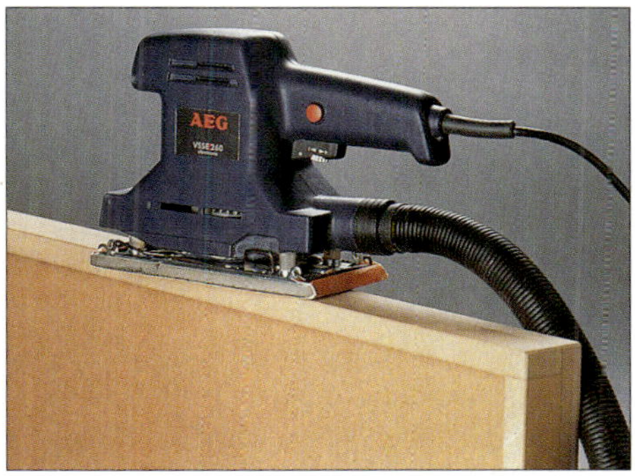

Die Seiten der Böden werden bündig geschliffen und mit der Oberfräse gerundet oder mit dem Elektroschleifer angefast.

Gleichmäßiger Farbauftrag gelingt besonders gut mit einer Lackierwalze. Der Untergrund wird vorab mit einer Grundierung versehen.

Diese Möbel räumen auf: Neben Telefon und Faxgerät finden darin auch Adreßkartei und Telefonbuch einen Platz.

Bei der ersten von drei Ideen dient ein Ikea-Regal (Lack, 35 × 38 cm, 211 cm hoch) als Basis. Ergänzt wird es durch zwei selbstgebaute Borde, die in der gleichen Stärke wie die Böden des Regals hergestellt werden. Die 5 cm starken Borde aus MDF-Platte (mitteldichte Faserplatte) werden an die rechte oder, das ist abhängig von den räumlichen Gegebenheiten bei Ihnen zu Hause, linke Regalaußenseite geschraubt. An dem anderen Ende des Bordes tragen Konsolen die Last. Wir haben dafür einfache Stahlrohrtischbeine aus dem Baumarkt (rund oder quadratisch, 50 cm lang) zweckentfremdet, die mit ihrer Anschraubplatte an der Wand festgesetzt werden. Wenn Sie diese Beine auf etwa 46 cm Länge kürzen (mit einer Bügelsäge mit Metallsägeblatt, danach mit Feile die Schnittkanten entgraten), ragen sie noch 8 cm über die Außenkante der Böden. Dieser Überstand kann zum Aufhängen des Telefonkabels genutzt werden.

An einem **Schreibpult** läßt sich ein kluger

Sinnvoll, Telefonbord und Schreibpult miteinander zu kombinieren

Das kennen Sie sicher auch: Eine wichtige Adresse, ein Termin für ein Treffen, und weder Zettel noch Schreibstift sind in Reichweite. Und eine Fläche, auf der geschrieben werden kann, fehlt zudem. Was liegt also näher, als am Telefonplatz gleich noch einen kleinen Schreibplatz für Notizen einzurichten? Und wenn das Ganze dann so wenig Platz wie unser zweiter Vorschlag beansprucht, wird der Bau fast zur Pflicht. Ein weiteres, erst bei genauerem Hinsehen erkennbares Detail verbirgt sich im Mittelfach zwischen Ober- und Unterboden: In einem „Geheimfach“ können störende Utensilien wie der Trafo von Leuchte oder Anrufbeantworter und die überschüssigen Telefon- und Stromversorgungskabel verstaut werden. Das Fach wird mit einer Blende verschlossen, die von Magnetschnäppern gehalten und bei Bedarf leicht entfernt werden kann. So ist der Zugang zur Technik jederzeit möglich.

Mit einer weiteren Besonderheit wartet das Schreibpult auf. Es wird mit den unterhalb der Schreibfläche aufgeleimten Stützen auf das Bord gestellt – kein Schrauben, kein Leimen, so bleibt die Anordnung des Pultes frei wählbar.

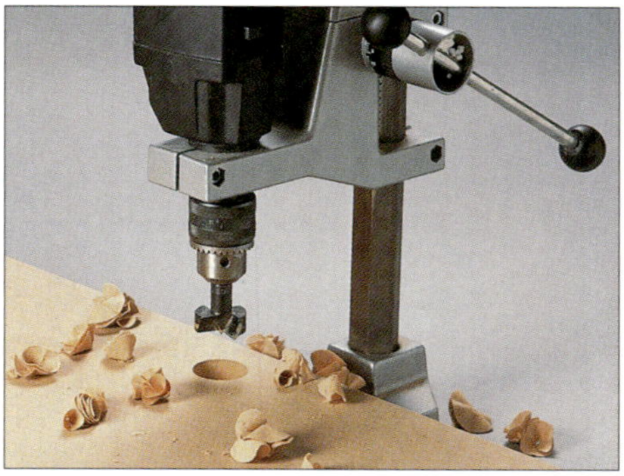

In Ober- und Unterboden werden mit Forstnerbohrern Löcher für Telefonstecker (∅ 35 mm) und Netzstecker (∅ 40 mm) gebohrt.

Gedanke schnell zu Papier bringen.

Schreibplatte und Stützen sind aus 19 mm starkem Eschenleimholz hergestellt, das Bord selbst aus MDF-Platte, ebenfalls 19 mm stark.

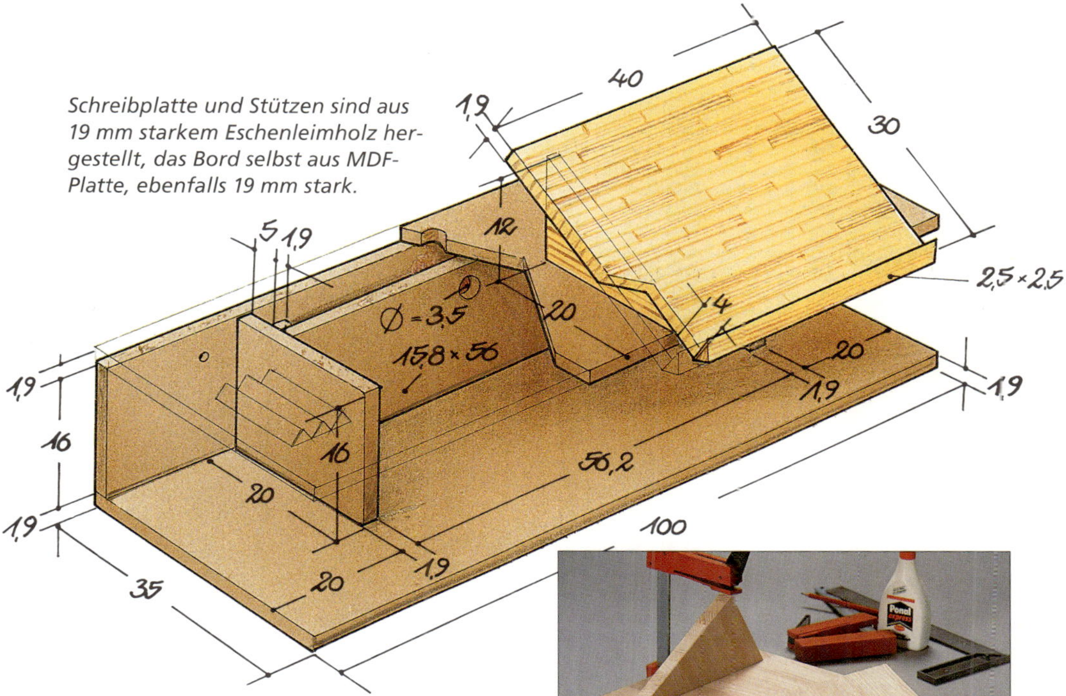

Das Bord entsteht aus 19 mm starker MDF-Platte, aus diesem Material kann selbstverständlich auch das Schreibpult hergestellt werden. Der schöne Kontrast zur Bordoberfläche hat uns zu einer Leimholzplatte aus Eschenholz greifen lassen.

***Die dreieckigen Stützen** für die Schreibplatte werden stumpf aufgeleimt. Die Dreieckleisten bilden zusammen eine Stiftablage.*

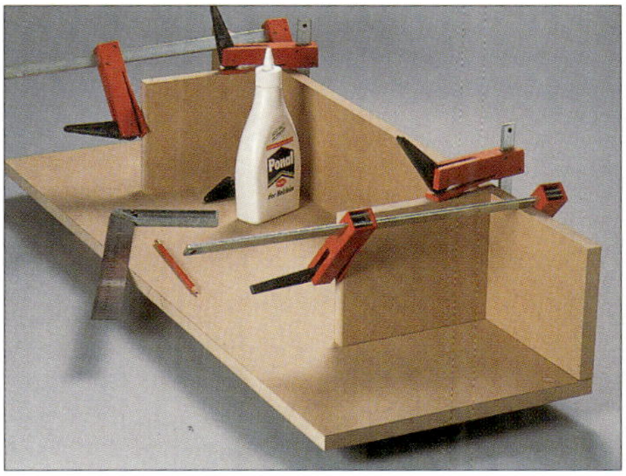

***Die Rückwand** und die beiden Trennwände werden stumpf auf den Unterboden geleimt, Zwingen fixieren sie während der Trocknung.*

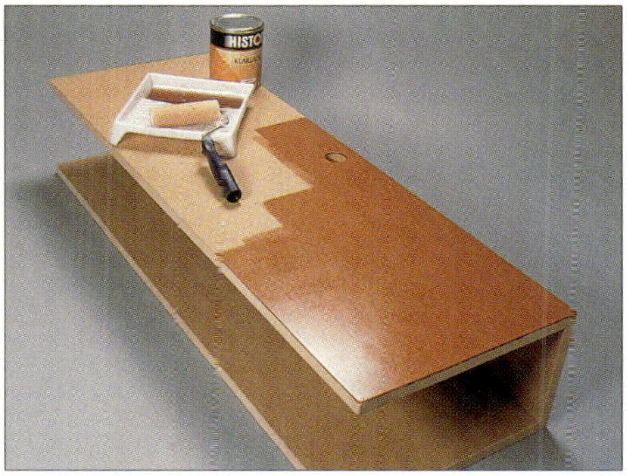

***Mit klarem Lack** wird die Oberfläche der rohen MDF-Platte mehrmals gestrichen. Nach jedem Auftrag erfolgt ein Zwischenschliff.*

Kleines **Bord** in der Raumecke – damit sind

Kleines Regal für die Ecke: oben Ablage für das Telefon, darunter Fächer für die Telefonbücher.

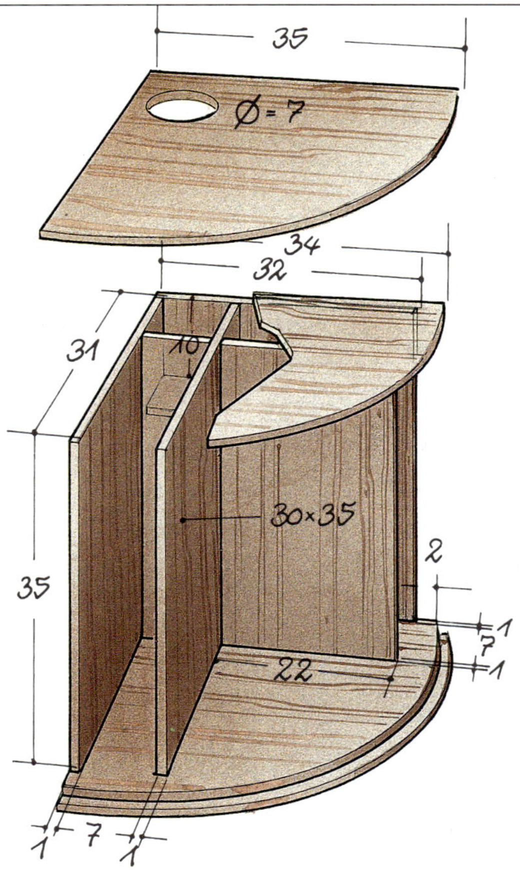

Sperrholz ist das Material, aus dem das kleine Bord hergestellt wird

Wo wenig Platz vorhanden ist oder die brachliegende Raumecke genutzt werden soll, ist das Mini-Bord die passende Lösung. Hier können Telefon, Telefonbücher und die wichtigsten Utensilien aufbewahrt werden. Gebaut wird das Eckregal mit den seitlichen Fächern aus 10 mm starkem Sperrholz. Vier Viertelkreise bilden Deckel und Boden, dazwischen liegen die Seitenwände und die Trennwände. Sie werden mit den innen befindlichen Viertelkreisen durch Drahtstifte und Leim verbunden, die äußeren Viertelkreise werden ausschließlich verleimt. Sie decken die Nagelstellen ab und geben dem kleinen Regal die stilistische Note. Sperrholz als Baumaterial bietet sich aus zwei Gründen an, nämlich der hohen Stabilität auch bei geringen Materialstärken und der leichten Bearbeitbarkeit wegen. So ist für das Regal die gewählte 10 mm starke Platte mehr als ausreichend belastbar und bietet im Vergleich zu stärkeren, z. B. massiven Platten die elegantere Erscheinung. Sperrholz ist so aufgebaut, daß die Faserrichtungen der benachbarten Lagen immer im rechten Winkel zueinander verlaufen. Die meisten Sperrholzplatten bestehen aus einer ungeraden Anzahl von Holzlagen, also mindestens drei. Die Decklagen – das sind die jeweils äußeren Lagen einer Sperrholzplatte – lassen sich wie andere Holzoberflächen auch mit Beizen, Lacken und Lasuren verschönen.

Telefon und Telefonbücher stets griffbereit.

Äußerer Ober- und Unterboden *(r = 35 cm) und innerer Ober-und Unterboden (r = 34 cm) werden genagelt und gemeinsam gesägt.*

Die Schnittkanten *der beiden Böden werden entlang der Kreiskontur geschliffen. Danach werden die Platten wieder getrennt.*

Die Kanten *der Abschlußböden oben und unten werden mit der Oberfräse oder von Hand mit Schleifpapier und -klotz gerundet.*

Mit einer Lochsäge *(∅ 7 cm) wird in die mit Stiften zusammengehefteten Oberböden das Loch für Schreibutensilien eingearbeitet.*

Der Auftrag der Beize *kann nach dem Schleifen aller Flächen und Kanten erfolgen. Die gebeizte Oberfläche mit Holzwachs schützen.*

Die Fächer *und den Boden für Schreibstifte verleimen und nageln. Danach die inneren Böden aufnageln und die äußeren aufleimen.*

Alte Möbel? Daraus läßt

Mit Tischbeinen, Schubladen, Stühlen vom Speicher und etwas Phantasie können völlig neue und einzigartige Möbel entstehen.

sich doch was machen!

Trennen mag man sich nicht von den alten Stücken. Aber zur Einrichtung wollen sie nicht passen – es sei denn, es entstehen ganz neue, verrückte Möbel.

Jahrelang blockieren sie wertvollen Lagerplatz im Keller oder auf dem Dachboden. Nur, irgendwie mag man sich nicht von den alten Möbeln trennen. Vielleicht, so die vage Hoffnung, werden sie irgendwann wieder gebraucht. Und richtig: Die meisten der gesammelten Stücke könnten, zumindest in Teilen, wieder eine Zukunft haben, wenn sie mit frischen und frechen Ideen „aufgepeppt" werden. Die Idee dafür ist simpel, die Möbel von gestern werden mit Materialien von heute kombiniert. Der Reiz besteht darin, Altes und Neues ganz unerwartete und verblüffende Verbindungen eingehen zu lassen. Hier werden Möbel nicht einfach nur recycelt, sondern mit modernen Baumaterialien und -elementen (und viel Witz) zu bisher nicht Dagewesenem zusammengefügt.

Comeback mit alten Sachen

Wo bekommt man solche Schubladen her, werden Sie vielleicht beim Anblick unseres ersten neuen alten Möbels fragen. Kleider-, Besteck- und Badschränke, Sekretäre und Kommoden, Schreib- und Nachttische, darin finden Sie solche schönen Exemplare. Aber auch wenn solche Möbel nicht in Ihrem Fundus sind, Schubläden gibt es häufig in Trödelmärkten als Einzelartikel zu kaufen. Einfach deshalb, weil die Schubläden häufig noch intakt sind, wenn der Möbelkorpus bereits mürbe geworden ist. Was wir sonst nicht empfehlen würden, hier bekommt es Methode: So viel unterschiedliche Elemente wie nur möglich, gerade mal drei Schubladen sind gleich, werden hier zu einem Möbel. Aus der Vielfalt der Größen, Formen, Holzarten und Beschläge entsteht ein Gebilde, dessen lebendige Front nie langweilig wird. Wenn Sie genügend Schubladen zusammengetragen haben, sollten Sie deren ungefähre Anordnung mittels einer Skizze festhalten. Die exakten Positionen werden später auf der zugeschnittenen Blende ermittelt.

***Eine Platte** aus 8 mm starkem Sperrholz sitzt später hinter der Blende. Die Schubladenmaße auftragen und mit einer Säge ausschneiden.*

***Eine zweite Sperrholzplatte,** die Rückwand, wird untergelegt, um die Umrisse der Schubladenausschnitte zu übertragen.*

alten Schubladen und einer neuen Blende.

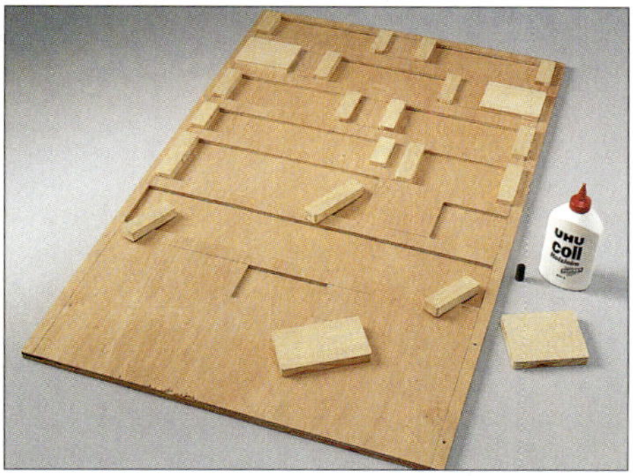

In die Eckpunkte *der Umrisse kleine Holzklötzchen leimen, dort werden später die Laufleisten befestigt.*

Eckleisten *aus Kiefer, 2 × 2 cm stark, dienen als Laufleisten. Sie werden an den Ecken der Klötzchen rechtwinklig auf die Rückwand geleimt.*

Die Platte *mit den Ausschnitten auflegen und mit jeweils zwei Nägeln an den parallel ausgerichteten Laufleisten befestigen.*

Als Frontblende *wird eine MDF-Platte, 19 mm stark, mit den Schubladenausschnitten versehen und auf der Sperrholzplatte montiert.*

Der Korpus *aus Boden, Deckel und Seitenteilen entsteht aus 10 mm starken MDF-Platten, die stumpf miteinander verschraubt werden.*

Die sichtbaren Flächen *der Kommode werden zunächst sorgfältig geschliffen und zweimal mit honigfarbener Möbellasur gestrichen.*

Aus der guten alten Stube direkt in den modernen Wohnraum

Ganz sicher das nostalgischste Möbelstück unter unseren drei Vorschlägen. Und eben deswegen besonders reizvoll, „etwas daraus zu machen". Relativ bescheiden ist der Bedarf an zusätzlichen Materialien, im wesentlichen werden vier Chrom-Tischbeine und eine 30 mm starke Multiplexplatte benötigt. Zur Erläuterung: Multiplex zählt zu den (hochwertigen) Sperrholzarten und wird vornehmlich im gehobenen Möbelbau eingesetzt. Die Mittellage, also der Bereich zwischen den umgebenden Absperrfurnieren, besteht immer aus einer ungeraden Anzahl von Lagen. Der Blick auf diese Lagen, die Zeichnung an den Stirnkanten und die große Stabilität sind die Gründe für die Beliebtheit dieses im Vergleich zu konventionellen Holzwerkstoffen relativ teuren Baumaterials.
Bei unserer Möbelneuschöpfung haben wir bewußt darauf verzichtet, die Oberfläche der Multiplexplatte im Ton dem Vertiko anzugleichen. So wird gezielt auf den Kontrast zwischen Alt und Neu hingewiesen, die verchromten Tischbeine tun ein übriges. Das High-Tech-Vertiko auf zwei Beinen ist stark anlehnungsbedürftig und braucht eine Wand im Rücken. Eine wandbefestigte Leiste sichert das Möbelunikat zusätzlich vor dem Umfallen.

mit Zutaten des modernen Möbelbaus

An der Unterseite des Vertikoaufsatzes werden zwei verchromte Tischbeine (Länge 72 cm, ∅ 6 cm) aus dem Baumarkt angeschraubt.

Zwei weitere Beine tragen das Multiplex-Bord. Dafür werden Decke und innerer Boden der Aufsatzes mit einer Lochsäge durchbohrt.

Die Höhenversteller am Ende der Beine werden am Vertikoboden festgeschraubt und anschließend die Beine wieder aufgeschoben.

Verstärkungsringe für die Aufnahme des Bordes werden ausgesägt und mit Weißleim unterhalb des Bordes befestigt.

Beim Auflegen kann die Position der Ringe korrigiert werden. Ein kleines Brettchen im hinteren Bereich stützt das Multiplexbord.

Das fertige Möbel lehnt an der Wand. Sicherheit gegen Kippen garantieren ineinander greifende Leisten an Möbel und Wand.

Nur nicht auf die lange **Bank** schieben: Gute

Ran an den alten Küchenstuhl!

Sicher findet sich auch in Ihrem Haushalt ein alter Stuhl, wie sie früher häufig in Küchen anzutreffen waren. Ansonsten beim Trödler fahnden oder direkt ins Möbelhaus gehen, dort gibt es noch immer solche oder ähnliche Holzstühle einfacher Machart. Das Bauvorhaben, aus einem Stuhl eine Bank entstehen zu lassen, ist viel einfacher, als Sie vielleicht denken. Nicht einmal besonderes Werkzeug wird benötigt. Der Schnitt durch den Stuhl geschieht mit einer Handsäge, einem Fuchsschwanz, alle weiteren Arbeiten werden mit gängigen Elektro- oder einfachen Handwerkzeugen ausgeführt.

Ideen setzt man am besten sofort um.

Kanthölzer (3 × 3 cm stark) in der Länge der gewünschten Sitzfläche von innen gegen die Zargen des geteilten Stuhls schrauben.

Ein Spalt von ca. 1 cm zwischen Kanthölzern und Sitzfläche nimmt ein Verstärkungsbrett am Übergang neue auf alte Sitzfläche auf.

Die Verlängerung von Zarge und Rückenlehne wird mit Multiplex, 18 mm stark, ausgeführt. Holzdübel und Holzleim verbinden sicher.

Die Sitzfläche, ebenfalls aus Multiplex, wird an den Kanten mit Elektrobandschleifer oder mit dem Schleifklotz per Hand abgerundet.

Nach dem Einpassen der Sitzfläche wird sie von unten durch die Kanthölzer hindurch mit Spaxschrauben festgesetzt.

Mit Klarlack wird die lebendige Zeichnung des Holzes betont. Zwei bis drei Anstriche schützen die Oberfläche der Bank dauerhaft.

Durchreiche mit Schiebetür

Moderner Look für Durchreiche und Ablagebord: Stahl und schönes Multiplex geben jetzt den Ton an.

Mit Bohrmobil werden rechtwinklige Bohrungen an der Stirnkante des Ablagebords eingebracht, in denen später die Konsolträger sitzen.

Bolzenkonsolträger tragen das Ablagebord. Sie werden mit passendem Gabelschlüssel in den Wanddübeln eingedreht.

und Bord für kurze Wege

Speisen, Getränke und Geschirr von der Küche ins Eßzimmer – sparen Sie sich unnötige Wege, „gehen" Sie einfach durch die Wand.

Ungemein praktisch, aber im Laufe der Jahre ein wenig in Vergessenheit geraten sind Durchreichen, wie sie beispielsweise in Bauten der 60er Jahre üblich waren. Was zu der Zeit Architekten aus Küchen- und Kantinenbetrieben für Privatbauten adaptierten, kann auch heute noch seinen Sinn erfüllen – nämlich den Weg zwischen Küche und Eß- bzw. Wohnzimmer abzukürzen und haarige Situationen wie das Umkurven von Türöffnungen mit beladenem Tablett zu vermeiden. Gibt es bei Ihnen in Haus oder Wohnung eine Durchreiche, können Sie mit Hilfe dieser Bauanleitung die betagte Konstruktion gegen eine moderne Variante austauschen. Wenn sich bei Ihnen dieses komfortable Extra nicht findet, prüfen Sie, ob nachträglich das Loch für eine Durchreiche – vielleicht im Zuge einer Renovierung – geschnitten werden kann.

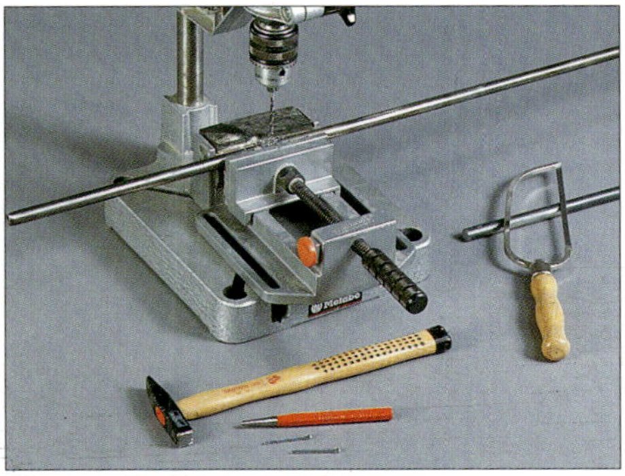

Die Führung der Schiebetür *übernimmt ein 12-mm-Rundstab aus Stahl, der zugeschnitten und an zwei Stellen durchbohrt wird.*

An den Bohrungen *neben den Ringösen werden Sicherungssplinte eingesteckt, so wird die Stange vor dem Herausrutschen bewahrt.*

Ein Kugelgleiter *(für Möbelfüße), an der Wand montiert, sorgt für den richtigen Abstand zwischen Schiebetür und Zimmerwand.*

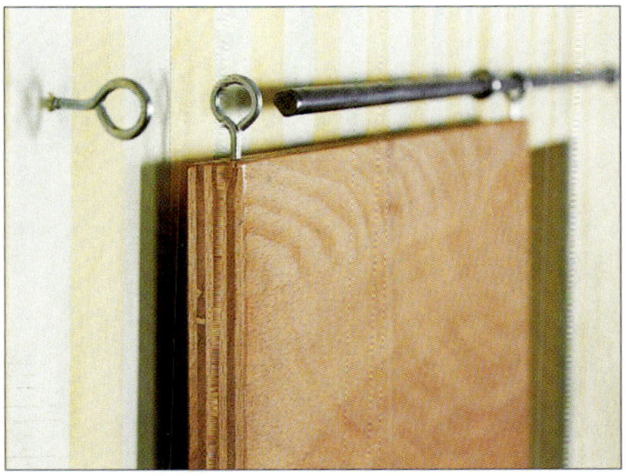

Bei der Montage *sind die Ösen an Wand und Schiebetür bereits eingedreht. Zuletzt wird der stählerne Rundstab eingefädelt und gesichert.*

Renovierung: drei tolle

Lösungen für alte Küchen

Muß es wirklich eine neue Küche sein? Preiswerter und genauso schön: die alte mit neuen Fronten und Arbeitsplatten ausstatten.

Verlockend, was in Wohn- und Fachzeitschriften sowie in Ausstellungen der Küchenhäuser zu sehen ist: Küchen in neuen Farben und mit neuen Funktionen, von Einzelelementen bis zu kompletten Zeilen. Schnell kommen da für die Traumküche einige tausend Mark zusammen, oder aber es bleibt, zumindest vorerst, eine Traumküche. Warum nicht die alte Küche renovieren? Gerätschaften, die technisch überholt sind oder nicht den Komfort moderner Einrichtungen bieten, ersetzen Sie einfach durch Neugeräte. Änderungen, wie der Austausch einzelner Schränke, sind möglich, häufig aber gar nicht nötig Bei unserem Renovierungsprogramm werden die Fronten überarbeitet – und zwar gleich dreimal, von der preiswerten bis zur professionellen Lösung – und die Arbeitsplatten (ab Seite 100) ausgetauscht.

Kaum mehr wiederzuerkennen, die alte Küche (kl. Foto rechts). Die ehemals langweilige Küchenzeile hat gleich dreimal einen neuen Look bekommen: luxuriös mit Türfronten vom Profi (gr. Foto), einfach und preiswert mit Pinsel und Lack und natürlich mit Linoleum und Holz. In jedem Fall gilt: Renovierung gelungen!

Diese Küchenzeile, gängiger Standard in vielen Haushalten, haben wir auf diesen Seiten durch Gestaltung der Fronten aufgewertet.

Vorschlag 1: **Laminat** ist die Lösung für alle,

Die Stirnkanten der Türen erhalten Abschlußprofile, die in vier Farben erhältlich sind.

Zusägen, Bohren – fertig!

Fronten am laufenden Meter: Die sogenannte Postforming-Platte ist in Strängen von 204 und 410 cm Länge erhältlich und wird vor Ort bzw. in der Werkstatt den Korpusmaßen entsprechend zugesägt. Stichwort Postforming: Bei diesem Verfahren wird der Oberflächenbelag, das widerstandsfähige Laminat, ansatzlos in einem Arbeitsgang auf den Träger – eine 19 mm starke Spanplatte – aufgebracht. Dadurch sind die markanten Rundungen an den Kanten möglich. Die sehen gut aus und bewähren sich als Schutz vor Feuchtigkeit und mechanischen Beschädigungen. Rechtwinklige Übergänge sind da wesentlich empfindlicher, schnell ist eine Ecke angeschlagen oder eine Tür durch eindringende Feuchtigkeit gequollen. Postforming-Platten sind in etwa 15 verschiedenen Dekoren und jeweils fünf Breiten ab 294 bis 594 mm zu bekommen. Diese Maße sind abgestimmt auf die Standardabmessungen gängiger Küchenkorpusse, die in 30, 40, seltener 45, 50 und 60 cm in Einbauküchen seit den 50er Jahren eingesetzt werden. Probleme gibt es dann nur noch, wenn Sie innerhalb der Küchenzeile auf eine Sonderanfertigung mit abweichendem Breitenmaß treffen. Auch dieses Problem ist mit einem Trick lösbar, allerdings wird es ein bißchen aufwendiger. Ein Abschnitt der nächstgrößeren Plattenbreite wird mittig aufgesägt, dann von einer der beiden Seiten ein Stück abgetrennt (genau so viel, daß die beiden großen Abschnitte zusammen das Breitenmaß ergeben) und mit Leim und Dübeln beide Hälften verbunden. Nach Trocknen des Leims weist nur noch eine haarfeine Fuge auf diesen Kunstgriff hin.

Beim Zuschnitt *der Platten wird die Handkreissäge am Anschlag geführt. Eine Latte und zwei Zwingen sind die preiswerteste Lösung.*

die Robustheit und Pflegeleichtigkeit wollen.

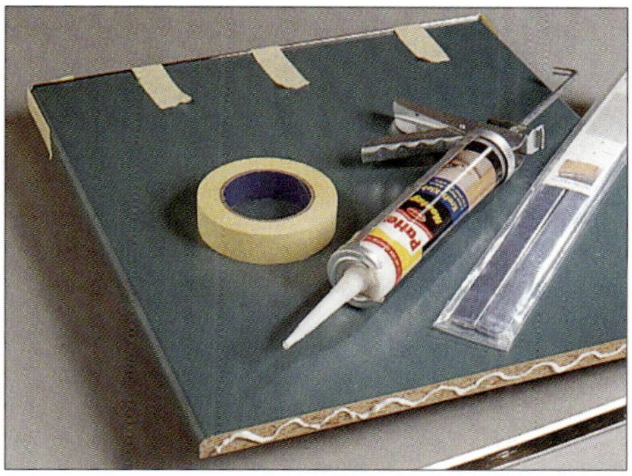

Die Stirnseiten *werden nach Zuschnitt mit Profilen abgedeckt. Kreppstreifen fixieren sie, solange der Montagekleber abbindet.*

Die exakte Bohrposition *wird mittels Anschlagwinkel und Zollstock von der alten auf die neue Tür übertragen.*

Fazit: Küche wie vom Profi

Gerundete Abschlüsse an den Längskanten, schöne Profile an den Stirnkanten, endlose Variationsmöglichkeiten dank großer Auswahl an Oberflächendekoren – eben professionelle Renovierung. Die Platten von Westag & Getalit sind in den meisten Baumärkten, evtl. auf Bestellung, erhältlich. Die Montagearbeiten gestalten sich recht einfach, die fertig renovierte Küche sieht gut aus und ist uneingeschränkt alltagstauglich.

Eine selbstgefertigte Bohrschablone *aus einem Restabschnitt sorgt für immer gleiche Position der Griffe auf allen Fronten.*

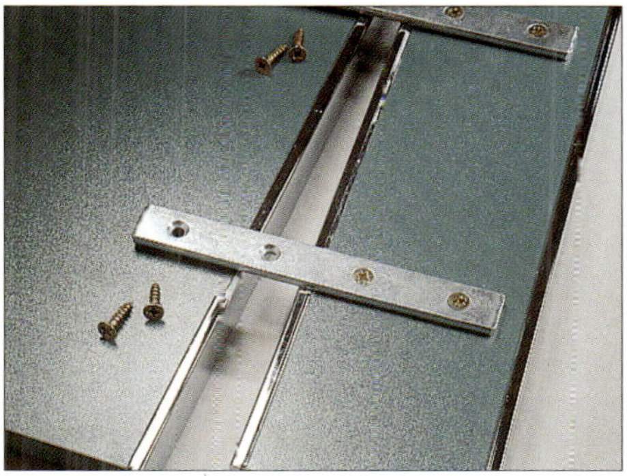

Blenden *ohne Schubkasten, z. B. unter Spülen, werden mit Verbindungslaschen an der darunterliegenden Tür festgeschraubt.*

Vorschlag 2: Mit Pinsel und **Farbe** der alten

Mit etwas Geschick und einigen Stunden Arbeit ist es geschafft: neuer Glanz auf alten Türen – mit Lack Hammerschlag silbergrau.

Mit feinem Naßschliffpapier *wird die Fläche vorbereitet. Das Wasser bindet den Abrieb, mit dem Schwamm wird Schleifschlamm entfernt.*

Graue Grundierung *wird, für bessere Haftung und Deckkraft, mit einem Rund- oder Flachpinsel auf die saubere Fläche aufgetragen.*

Küche im High-Tech-Look

Sie können die alte Küche nicht mehr sehen? Sie wollen schnell – und dazu noch möglichst billig – etwas Neues? Lack auf die Türen bzw. eine, so sagt es der Fachmann, neue Beschichtung, das ist die Lösung. Tatsächlich ist die Wirkung überraschend – erst recht, wenn man bedenkt, wie preiswert die „neue" Küche entsteht. Farbe, Schleifpapier und Lackierrolle sind die wichtigsten Utensilien. Selbst großzügig kalkuliert, kommen kaum mehr als 100 DM zusammen. Der Haken? Es gibt keinen. Zumindest dann nicht, wenn Sie Spaß an der Arbeit mit Pinsel und Farbe haben, denn ein paar Stunden Zeit müssen Sie investieren.

Erst einmal wird Tür für Tür ausgehängt und, am besten mit Naßschliffpapier, vorbereitet. Gerade in bewohnten Räumen erweist sich dieses Schleifmittel als wahrer Segen. Das Wasser bindet Schleifabrieb und verhindert dadurch die im Trockenschliff unvermeidliche Staubentwicklung – mit den bekannten Folgen für die gesamte Wohnungseinrichtung. Weiter von Vorteil ist ein gut belüfteter Keller- oder Bodenraum, dann wird die Umgebungsluft in der Küche bzw. den umliegenden, bewohnten Räumen nicht oder nur gering durch verflüchtigende Lösungsmittel beeinträchtigt. Für die Beschichtung der Fronten eignet sich wasserverdünnbarer und geruchsneutraler Acryllack, mit dem allerdings solche schönen Oberflächen wie die gezeigten nicht möglich sind. Der von uns verwendete Lack, Hammerschlag silbergrau, ist ein Schutzlack für Metalloberflächen. Der hat uns so gut gefallen, daß wir damit kurzerhand die Türen beschichtet haben. Das Ergebnis kann sich sehen lassen, finden Sie nicht auch?

Küche preiswert einen neuen Look verschaffen

Der Hammerschlaglack *wird zunächst an den Randflächen satt aufgetragen und anschließend die gesamte Fläche zügig verschlichtet.*

Fazit: Günstige Renovierung

Ganz erstaunlich, was mit simplen Hilfsmitteln wie Pinsel und Farbe aus der betagten Küche geworden ist. Hier benötigen Sie weder spezielle Kenntnisse noch spezielles Werkzeug, um die Küche fit für die nächsten Jahre zu machen. Eine günstigere Möglichkeit, die Küche zu renovieren, werden Sie ganz sicher nicht finden: etwa 100 DM für Material und Farbe und einige Stunden Arbeit an Abenden und Wochenenden, das war's.

Vier verschiedene Farbtöne *stehen zur Wahl. Wem das nicht reicht, der kann durch Zugabe von Abtönfarben eigene Farbtöne anmischen.*

Glatte Flächen *wie die Plattenverkleidung zwischen Arbeitsplatte und Oberschränken werden mit der Lackierwalze beschichtet.*

Die Originaltürgriffe *können ausgetauscht (Abstand der Befestigungen beachten!) oder ebenfalls mit Lack beschichtet werden.*

Vorschlag 3: **Linoleum**

Aus Spanplatten, Linoleum und massiven Buchestäben entstehen die schönen, neuen Türen.

Der Träger *für die neue Tür, die 16 mm dicke, beschichtete Spanplatte, wird etwas größer als die Originaltür zugeschnitten.*

Mit einem Zahnspachtel *wird Teppich-und-PVC-Kleber vollflächig auf der Trägerplatte verteilt. 10 bis 15 Minuten ablüften lassen.*

Ein Bodenbelag steigt auf

Eine wesentlich stimmungsvollere Variante als der Vorschlag 2 auf der Seite zuvor: ein Bodenbelag – widerstandsfähiges Linoleum – in einem schönen Orangeton, dazu farblich abgestimmte Anleimerleisten und Türgriffe aus massiver Buche. Wir haben hier dieselbe Verkleidung zwischen Arbeitsplatte und Oberschränken wie im Vorschlag 2 verwendet – dort wurde durch die „technischen“ Farben eine kühlere Atmosphäre erreicht, hier durch den Orangeton des Linoleums (Marmorette 121-75 von DLW) ein starker Farbkontrast und ein moderner, freundlicher Eindruck. Der Aufbau der neuen Türen: Den Kern bzw. Träger bildet eine weiße, melaminharzbeschichtete Spanplatte in 16 mm Dicke. Die beidseitige Beschichtung hat den Vorteil, daß die Innenseite nicht weiter bearbeitet werden muß. Bevor das Linoleum verarbeitet wird, sollte es einige Zeit bei Raumtemperatur und – wichtig – ausgerollt gelagert werden. Linoleum ist ein sehr steifes Material und benötigt einen längeren Zeitraum, um eben zu werden. Der Kleber muß nach dem Auftrag etwa 15 Minuten ablüften, bevor die Linoleumabschnitte unter hohem Druck auf der Spanplatte fixiert werden. Wichtig ist, daß der Kleber vollflächig aufgetragen wird, leichtes Anschleifen der Spanplatte verbessert die Haftfähigkeit. Nach dem Anbringen der umlaufenden Bucheleisten und dem Bohren der Löcher für die Topfscharniere ist die Tür fertiggestellt, nur schöne Türgriffe braucht sie noch. Und vielleicht neue Topfscharniere, wenn es die alten nicht mehr tun. Die gibt es mit Öffnungswinkeln bis zu 170 Grad. So wird die Küche mit den neuen Fronten nicht nur schöner, sondern auch noch komfortabler.

gibt jetzt in der renovierten Küche den Ton an.

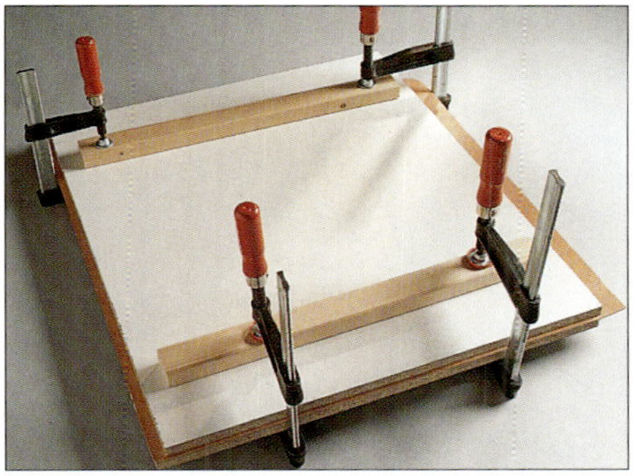

***Das Linoleum** grob zuschneiden, auf der Platte positionieren und andrücken. Mit Konterplatte und Zwingen vollflächig anpressen.*

***Auf dem Sägetisch** oder mit der Handkreissäge (mit Führung) wird nach Abtrennen überstehenden Linoleums die Türfront besäumt.*

Fazit: Küche für Individualisten

Die nötige Sorgfalt bei der Fertigung, dann sind die Fronten von gekaufter Ware nicht zu unterscheiden – und perfekt auf den eigenen Geschmack zugeschnitten: Linoleum steht in unzähligen Dekoren zur Auswahl, und mit den Rahmen aus massiven Holzleisten ist die Optik dieser Küche kaum mehr zu übertreffen. Nach einer solch schönen Küche müssen Sie anderswo lange suchen, die können Sie nur selber machen!

***Rund um die Platte** werden Massivholzstäbe geleimt, Leisten verteilen den Zwingendruck. Überstände nach Aushärten des Leims entfernen.*

***Mit Forstnerbohrer** werden die Bohrungen für Topfscharniere eingebracht. Eine Bohrschablone sorgt für exakte Positionierung.*

So geht's: die Verarbeitung

Profile werden an den Übergängen und an den Enden der Arbeitsplatten gesetzt, spezielle Beschläge (vorn) verbinden Platten miteinander in Längsrichtung und über Eck.

Die Bohrungen *für die Verbinder anzeichnen und mit der Bohrmaschine (im Bohrständer oder im Bohrmobil) senkrecht ausbohren.*

Die Stege *von der Bohrung bis zur Plattenkante mit einer Feinsäge vorsägen und mit einem Stechbeitel ausstemmen.*

von Küchenarbeitsplatten

Bei der Montage ist etwas Geschick gefragt – und ein paar Techniken, mit denen die Verbindungen und Ausschnitte gut gelingen.

Zollstock und Bleistift sind erst einmal die wichtigsten Werkzeuge, wenn Arbeitsplatten montiert werden. Hilfreich ist eine Skizze, in der die Längen einzelner Platten festgelegt sind. So werden Probleme beim Einpassen vermieden, wenn aufgrund von Nischen oder Mauervorsprüngen Platten nicht in einem Stück aufgelegt werden können. Küchenarbeitsplatten werden im Zuschnitt verkauft, d. h., von den 410 cm langen Platten kann jedes gewünschte Stück abgesägt werden. Gerade Stöße von zwei Platten werden, genaues Arbeiten vorausgesetzt, stumpf zusammengesetzt. Für Verbindungen über Eck gibt es Profile, die den Anschluß des rechtwinkligen Schnitts an die Rundung der anstoßenden Fläche ausgleichen. Fachmännischer ist die Verbindung mittels Frässchnitt, der von Holzhändlern und Baumärkten angeboten wird und perfekte Passung garantiert.

Übergangsprofile schaffen einen saubere Verbindung, wenn zwei Platten mittels Arbeitsplattenverbindern aneinandergefügt werden.

An Enden von Arbeitsplatten werden als Abschluß Aluminiumprofile montiert, nachdem die Schnittkante versiegelt wurde.

Offene Schnittkanten an Arbeitsplatten werden mit dauerelastischer Dichtungsmasse gegen eindringende Feuchtigkeit geschützt.

Im Dekor der Arbeitsfläche kann mit Umleimer – mittels Bügeleisen oder Kontaktkleber aufgebracht – die Kante geschlossen werden.

Der **Ausschnitt** für ein Spülbecken oder

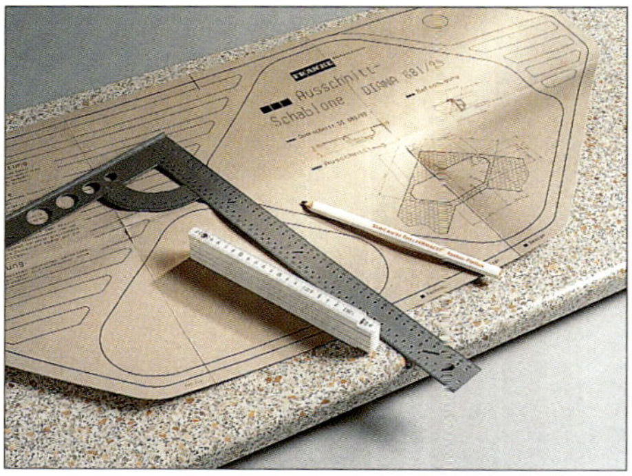

Schablonen *für den Ausschnitt von Spüle oder Kochfeld werden meist mitgeliefert. Vor dem Fixieren genaue Position ermitteln.*

Einbauelemente *ohne Schablone werden zum Anreißen auf die Arbeitsfläche gelegt. Dabei Schrankzwischenwände berücksichtigen.*

Der gesägte Ausschnitt *ist kleiner als die Kontur des Beckens. Der Ausschnitt ergibt sich aus dem Abstand zu den Halteklammern.*

Einbauorte exakt festlegen

Bevor es an die Ausschnitte geht, werden noch einmal die Einbaupositionen von Kochfeld und Spülbecken geprüft. Liegen Ausschnitte nah beieinander, ist die Stabilität der Platte stark beeinträchtigt, ganz abgesehen davon, daß solche Anordnungen für die Arbeit in der Küche wenig Sinn machen, da neben Herd und Spülbecken ausreichend Platz für vor- und nachbereitende Arbeiten gefordert ist. Werden zwei Arbeitsplatten zusammengefügt, dürfen Ausschnitte nicht zu nah am Rand liegen, sonst ziehen die Plattenverbinder beim Spannen die verbliebenen Stege heraus. Bei der Bearbeitung der Arbeitsplatten ist eine stabile Unterlage wichtig. Die Ecken von Innenausschnitten und Ausklinkungen müssen abgerundet sein. Werden Ecken mit einem Holzspiralbohrer vorgebohrt, kann dort das Stichsägeblatt eingetaucht werden. Das Material der Arbeitsplatten, hochbelastbare HPL-Oberfläche (High-Pressure-Laminat) mit einem Kern aus ca. 40 mm starker Spanplatte, ist sehr widerstandsfähig. Trotzdem sollte an der Elektrostichsäge der Pendelhub ausgeschaltet bleiben, langsamer Vorschub mit geringem Druck führt zum besten Ergebnis. Bei den Profis abgeschaut ist die Technik des Sägens über Kopf: Die Säge wird von unten geführt, Vorteile sind die freie Sicht auf die Rißlinie, weder Maschinenkörper noch Sägestaub decken die Linie ab, und eine ausrißfreie Oberfläche – allerdings bedingt diese Technik etwas Übung, bis die Säge sicher geführt wird. Nach dem Sägen werden Schnittflächen mit Feile und Schmirgelpapier überarbeitet und vollflächig mit Silikon versiegelt, das mit dem Finger verteilt und in die poröse Oberfläche eingearbeitet wird.

ein Kochfeld: mit ein paar Kniffen fix geschafft.

Entlang der Schnittlinie *wird Klebekrepp aufgebracht. So werden Kratzer beim Führen der Elektrostichsäge auf der Oberseite vermieden.*

An den Ecken *werden Löcher, ∅ 8 mm, durch die Arbeitsplatte gebohrt, anschließend mit der Stichsäge vom Loch zu Loch gesägt.*

Der Ausschnitt *wird vor den letzten Sägeschnitten mit Brettchen und Zwingen gegen Ausbrechen und Herunterfallen gesichert.*

Die Halteklammern *sichern das Spülbecken. Beim Festziehen der Schrauben häufiger die exakte Einbauposition kontrollieren.*

Spezielles Sägeblatt für ausrißfreies Arbeiten

Ausschnitte für Einbauelemente werden vorzugsweise auf der Unterseite der Arbeitsplatten gesägt. Ist die Platte bereits installiert, muß von der Sichtseite aus gearbeitet werden. Mit einem Stichsägeblatt, das auf Stoß sägt (mit umgekehrter Zahnung), werden ausgerissene Kanten an der Oberfläche vermieden, die befinden sich dann auf der Unterseite. Wenn ein Spezialsägeblatt nicht zur Hand ist: Auch ein aufgespanntes Brett, das mit durchgesägt wird, oder ein Streifen Klebeband auf der Sägelinie schützen furnierte und beschichtete Oberflächen.

Platz da: Möbel für

Versteck für Staubsauger und Co.: eine Wand, die sich wie eine Ziehharmonika bewegen läßt.

bislang ungenutzte Ecken

Wohin mit dem Staubsauger, wo ist noch Raum in Bad oder Schlafzimmer? Verblüffende, witzige und praktische Ideen, mit denen Sie Raumreserven Ihrer Wohnung nutzen.

Die faltbare Wand auf Rädern

Die erste Idee ist im Grunde simpel. Parallel zur brachliegenden Wand (z. B. im Flur) wird eine zweite Wand gestellt, hinter der sich erstaunlich viel stauen läßt. Auch störende Einrichtungen der Haustechnik wie Stromverteiler lassen sich dahinter verstecken.
Die Wandelemente messen 200 cm in der Höhe und 30 cm in der Breite, sinnvoll sind – je nach zur Verfügung stehendem Raum – drei bis sieben solcher Elemente. Das Baumaterial ist Tischlerplatte, die sich durch niedriges Eigengewicht und hohe Stabilität auszeichnet. Bei einer Anordnung wie der gezeigten können Sie die Elemente mittels preiswerter Lamellentürscharniere (je drei Stück) verbinden. Das erste Element ist, ebenfalls mit diesen Beschlägen, an einer wandbefestigten Leiste angebracht. So wird die Standsicherheit erhöht und der Einsatz einfacher Teewagenrollen möglich.

Die Paraventflügel *erhalten die gleiche Tapete wie die Wand. Immer beide Seiten tapezieren, sonst verziehen sich die Flügel.*

Lamellentürscharniere *an und Teewagenrollen unter den Segmenten sind die benötigten Beschläge zum Klappen und Rollen.*

Ein **Schrank** für Seife und Co., einer für die

Jede Menge Fächer über dem Waschtisch: Ein maßgefertigter Schrank mit Spiegeltür nutzt den Raum.

Wie aus einem Guß: ein Hort für Flaschen, Puder und Zahnpasta

Der Wandvorsprung gibt das Maß der Schranktiefe vor, die Breite kann beliebig gewählt werden. Der Schrank ist aus beschichteter Spanplatte hergestellt, 16 mm dick, deren Abschnitte stumpf zusammengefügt sind. Die Spiegeltür entsteht ebenfalls aus Spanplatte, auf der der vom Glaser zugeschnittene Spiegel mit doppelseitigem Klebeband befestigt wird. Wenn seine Abmessungen einem Standardformat wie 40 cm Breite und 60 cm Höhe entsprechen, wird der Einkauf preiswerter. Die Spiegeltür ist mit einfachen Aufschraubscharnieren angeschlagen.

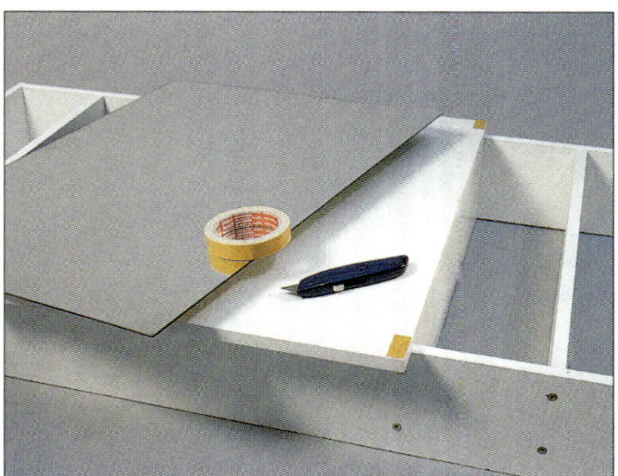

***Doppelseitiges Klebeband** hält den Spiegel auf der Tür, die höher als der Schrankkorpus ist. Unten dient ein U-Profil als Griffleiste.*

***Einfache Aufschraubscharniere** werden direkt auf der Seitenwand befestigt. Versionen mit Feder halten die Tür in geschlossenem Zustand.*

Auf den Spieß und in die Ecke

Warum Papierrollen im Schrank verstecken? Mit dieser witzigen Idee sorgen Sie für einen grandiosen Auftritt der geschmähten Rollen, haben immer eine in Reichweite und sehen, wann es Zeit ist nachzukaufen. Die Materialien: eine Vorhangstange aus Holz, Kegel und Kappe (Abschlußelemente von Gardinenstangen) und als rutschsicheren Standfuß ein Türstopper oder ein kleiner Springball. Ein Rohr quer im Stab ist das Auflager für den Rollenberg.

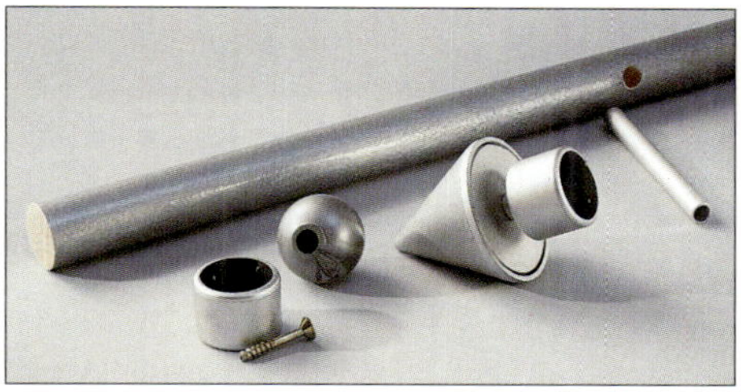

Eine Gardinenstange aus Holz, passende Abschlußelemente, ein kleiner Gummiball und als Rollenlager ein Rohrabschnitt.

Maßanzug für Waschmaschine

Küche, Bad oder Hauswirtschaftsraum, egal wo sie steht, die Waschmaschine ist selten ein schöner Anblick. Umbauen kann dafür die Lösung sein, und zwar mit einem Hochschrank (oder einem Regal). Bei der optimalen Raumnutzung innerhalb des Schranks sind Inneneinrichtungen wie Drahtkörbe, Schubladen und verschiedenste Halter hilfreich. Die bekommen Sie im Einzelverkauf in den Bau- und Fachmärkten und überall in den Ikea-Einrichtungshäusern.

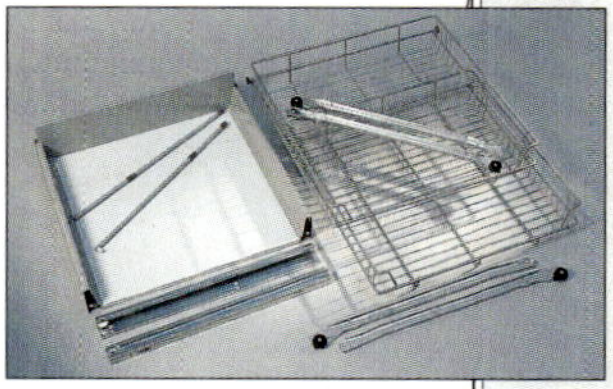

Die Gästegarderobe wird kurzerhand

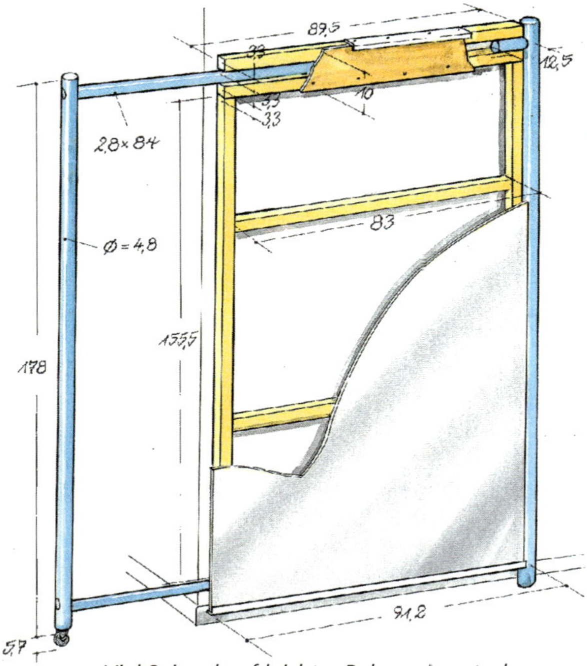

Viel Spiegel auf leichter Rahmenkonstruktion: In dem wandgebundenen Rahmen ist die Garderobenstange integriert.

***Gehobelte Latten** werden als Unterbau für den Spiegel an die Wand gedübelt. Oben und unten befinden sich die Führungen.*

Spiegel auf Rahmenkonstruktion

Durchaus möglich, daß Sie auf eine „Hauptgarderobe“ verzichten, weil der Bauvorschlag sie voll und ganz überzeugt. Die Idee dieses Möbels: Ein Spiegel, in dem man sich vollständig von oben bis unten betrachten kann, wird ohnehin gebraucht und häufig im Flur aufgestellt. Wenn sein Rahmen nur ein klein wenig breiter ausgeführt wird, entsteht eine „Garage“. Und in der kann ein Garderobenrohr geparkt werden, das bei Bedarf mit einem Handgriff hervorgeholt wird. Einfach, nicht wahr? Gute Ideen sind, so heißt es, immer einfach.

Eine Voraussetzung muß der Raum erfüllen, in dem der Spiegel mit dem tragfähigen Innenleben aufgestellt wird: Er muß über einen Wandvorsprung in ausreichender Tiefe verfügen, an dem die Rahmenkonstruktion befestigt werden kann. Auch die Gestaltung des Spiegels kann sich sehen lassen: Links und rechts wird der Spiegel von markanten Rundprofilen eingerahmt, eines der beiden dient als durchgehende Griffleiste für die Garderobe.

***Mit dem Forstnerbohrer** werden in den senkrechten, 40 mm dicken Rundhölzern die Aufnahmen für die 28-mm-Rundstäbe gebohrt.*

hinter dem Spiegel im Flur hervorgeholt.

Die Rundstäbe oben und unten laufen in einfachen Leistenführungen. In eingeschobenem Zustand ist die Führung abgedeckt.

Ein Profil aus Aluminium sichert oben den Spiegel, ein zweites Profil unten. Sie werden mit der Unterkonstruktion verschraubt.

Ein **Rollbrett** unter dem Bett, Mäntel vor

Leisten unterteilen das Grundbrett aus Tischlerplatte in einzelne Felder, in denen jeweils eine Pappbox Platz findet.

Viele kleine Bettkästen

Fast zu schade, um sie unter dem Bett zu verstecken: Die Boxen aus Pappe mit den metallenen Beschlägen (ersatzweise Schuhkartons) nehmen von Urlaubsfotos bis zum Packmaterial alles auf, was selten gebraucht wird. Damit die Kästen schnell zur Stelle sind, stehen sie auf einer Grundplatte, die mit Schubkastenrollen bestückt ist. Leisten halten Ordnung in den „Boxengassen".

Bücherregal mit Schiebetür

Ein Bücherregal mutiert zur Flurgarderobe: Einem Regal aus dem Möbelhaus haben wir eine Tür verpaßt – und zwar eine platzsparende Schiebtür, die vorn Mantel, Schirm und Hut auf Haken und Stange nimmt. Die Tür aus Tischlerplatte wird von drei an den Regalböden befestigten Schubkastenauszügen geführt, die für diesen Zweck zweckentfremdet eingesetzt wurden. Da Regalböden etwas zurückspringen, wird zum Ausgleich eine Leiste untergeschraubt.

Endlich Platz für viele Bücher

Normalerweise werden Bücher in Regalen untergebracht, die in 60, 70 oder 110 cm Höhe montiert sind. Nur, wenn im Laufe der Jahre die Sammlung wächst und wächst, sind die Regalreserven schnell erschöpft. Eine mögliche Lösung ist Aussortieren, also der Transport in den Keller oder zum Altpapiercontainer. Die bessere Lösung: Suchen Sie Ihre Räume nach Raumreserven über den Türen ab. Selbst in Nachkriegsbauten mit niedrigen Decken, die meist etwa 2,5 m hoch sind, haben Sie über den Türrahmen in Arbeitszimmer oder Flur immer noch rund 40 cm zur Verfügung – also genügend Platz für mindestens eine „Etage“ Bücher. Dort oben haben Sie die Buchschätze immer noch im Blick und entlasten mit den vielen laufenden Metern Borde die Bücherregale in Wohn- und Schlafraum. Wenn Sie nicht permanent die Regalträger im Blick haben möchten, setzen Sie eine Zierleiste, z. B. eine Stuckleiste aus Hartschaum, unter die Borde. Die wird mit Montagekleber aus der Kartusche befestigt.

Winkelkonsolen aus Stahlblech tragen die Bücherborde aus Holz. 25 cm Tiefe sind für die meisten Bücher ausreichend.

Zierleisten aus Hartschaum werden über die ganze Länge unter den Borden angebracht. Klebepunkt auf die Leiste, andrücken – fertig.

Ein mobiler Wagen unter dem Waschtisch

Putzmittel hinter großer Blende

Gleich zweimal nützlich ist der mobile Wagen. Er verhindert den Blick auf die Anschlüsse unter dem Waschtisch und schafft Platz für die Reinigungsmittel. Praktisches Detail sind die Rollen unter der Bodenplatte, so kann der Wagen beim Badputzen einfach zur Seite geschoben werden. Bei der Realisation gibt es nur einen etwas kniffligen Montageschritt. Die beiden Böden werden als Abschluß mit einer bogenförmigen Kontur versehen, der obere der beiden erhält zusätzlich einen Ausschnitt für den Röhrensyphon unter dem Waschtisch. Eine 3 bis 4 mm dicke Sperrholzplatte wird um die gesägte Kontur der beiden Böden gespannt und während der Abbindezeit des Leims mit Bändern und Zwingen fixiert. Kleiner Kniff für die Verarbeitung: Der Bogen im Sperrholz gelingt schön gleichmäßig, wenn vor und während der Montage die Holzoberfläche leicht gewässert wird.

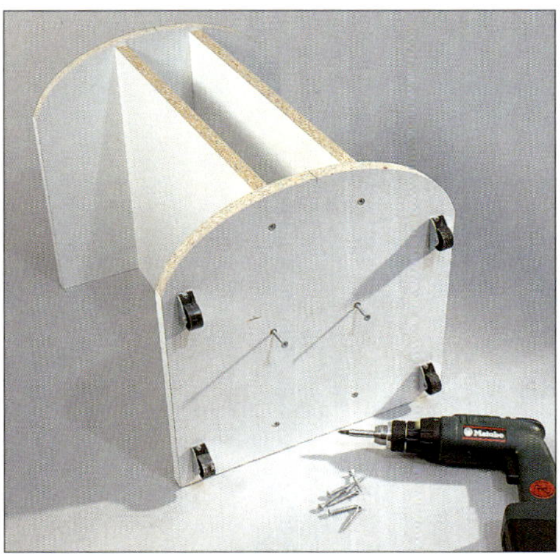

Ein oberer und ein unterer Boden mit Rollen sowie zwei senkrechte Platten bilden das Rückgrat des Wagens.

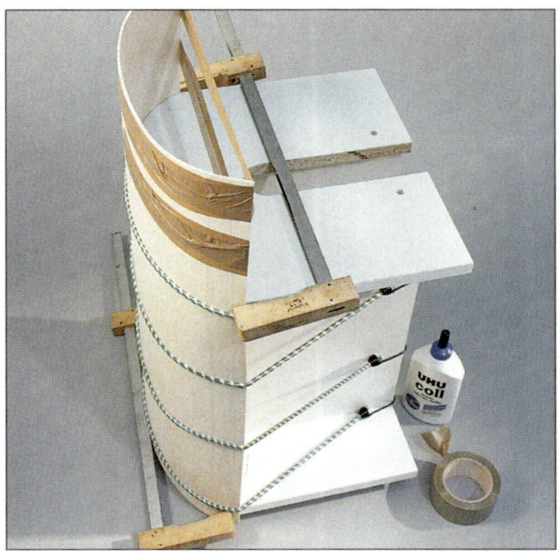

Hilfen beim Verleimen der Sperrholzblende an der Front: Klemmzwingen, Packband von der Rolle und Gepäckbänder.

Mit kleinen Kommoden zu

Wer Schubladen braucht, aber nicht bauen mag, dem ist mit Minikommode und guter Idee geholfen: pfiffige Möbel mit wenig Aufwand.

Selbst ambitionierte Selbermacher schrecken davor zurück, Möbel mit Schubladen zu bauen. Schubkastenfront und -blende, Seitenteile, Rückwand und Boden für eine einzelne Schublade – ein offenes Regal oder ein Schrank mit Türen ist schneller und mit weniger Aufwand als ein Möbel mit Schubkästen realisierbar. Wer dennoch Möbel mit Schüben möchte, sollte in Möbelhäusern oder Einrichtungsabteilungen stöbern, wo kleine Kommoden, z. B. aus Birkensperrholz, angeboten werden. Die von uns verwendeten sind aus dem Ikea-Einrichtungshaus und werden dort unter dem Namen Moppe in diversen Abmessungen und Ausführungen angeboten.

Holz Natur, mit Lack oder Lasur?

Hier ist der Gestalter gefragt: Wem unbehandelte Sperrholzoberflächen zu trist sind, kann mit Pinsel und Lack, Lasur oder Beize die Kommoden verschönern. Stark verdünnte, bunte Beizen sehen besonders schön aus.

ganz großen Möbelideen

Mit fünf, sechs oder mit acht Schubladen, in denen sogar CDs Platz finden: Kleine Kommoden helfen beim Stauen.

Das **Regal** mit offenen Fächern für Krimis und

Imposantes Gebilde aus vier (je zwei gleichen mit sechs und zwei Schüben) Kommoden und maßgefertigtem Regal aus MDF-Platte.

Kästen mit viel Regal drumherum

Genau dafür sind die kleinen Kommoden gedacht, als frei plazierbare Ergänzung nämlich, um Regal oder Schrankwand nachträglich mit Schüben auszustatten. Also nichts Besonderes? Auf den ersten Blick vielleicht, auf den zweiten wird deutlich, daß es sich hier um ein maßgefertigtes Regal mit offenen Fächern handelt, das um die insgesamt vier Kommoden herum gebaut wurde. Nicht nur die Tiefe des Regals ist auf die Kommoden abgestimmt, auch Höhe und Breite der zugekauften Elemente finden sich im Quadratraster des Regals wieder. Das Regal ist aus 16 mm starker MDF-Platte hergestellt, so bedürfen weder die Kanten noch die Oberflächen einer besonderen Behandlung. Nach Abschluß der Montage wird die Oberfläche mit Klarlack beschichtet.

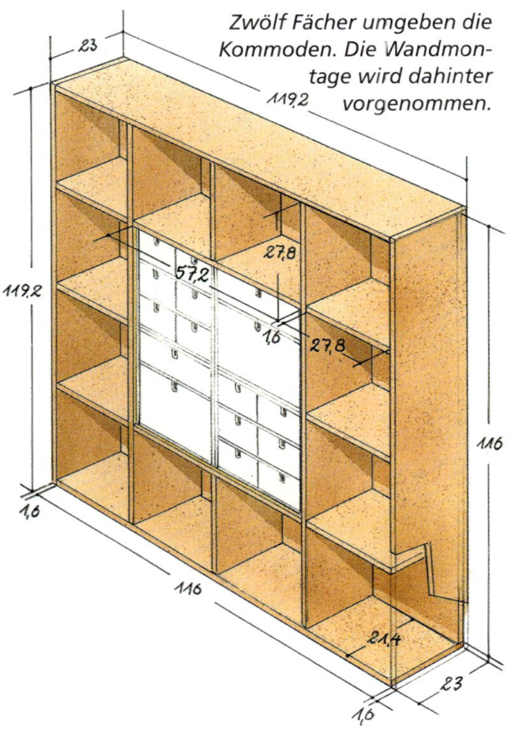

Zwölf Fächer umgeben die Kommoden. Die Wandmontage wird dahinter vorgenommen.

***Beim Aufleimen** der inneren Wände und Fachböden auf die Rückwand dienen mit Klemmen fixierte Platten als Anschläge bzw. Lehren.*

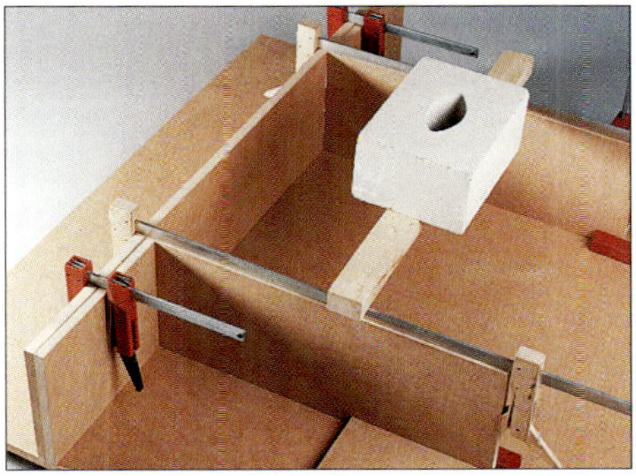

***Durch Auflegen von Gewichten** wird auch an Stellen, an denen Zwingen nicht hinreichen, der nötige Anpreßdruck erzeugt.*

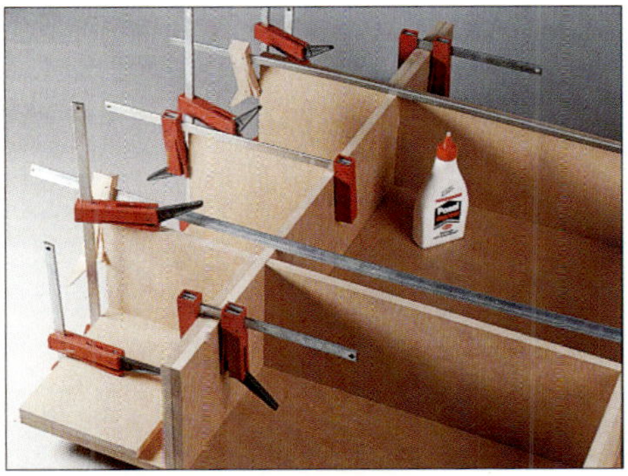

***Ober- und Unterböden** werden aufgeleimt, wenn innere Wände, Fachböden und Außenseiten fixiert sind. Danach Kanten schleifen.*

Die **Flurgarderobe** mit reichlich Raum

Mit einem Griff ist vom Schuhlöffel über das Einkaufsnetz bis zum Autoschlüssel alles parat – und zusätzlich eine schöne, moderne Garderobe entstanden.

Flurmöbel mit spezieller Platte

Aus lediglich vier Teilen ist diese Garderobe für den Flur entstanden. Das größte dieser Teile ist ein sogenanntes Postforming-Element. Klingt kompliziert, ist aber in unserem Bauvorschlag „nur“ die senkrecht stehende Platte. Der Begriff bezieht sich auf das Herstellungsverfahren: Um einen Spanplattenkern wird eine Folie gezogen (daher Postforming bzw. Nachformen), die sich dann auch um die gerundeten seitlichen Kanten legt. Vorteil: Die Platte ist allseitig mit widerstandsfähigem Laminat (in vielen Oberflächen erhältlich) bezogen und quasi einbaufertig.
Weiterhin gehören zu der Garderobe eine (hölzerne) Garderobenstange, ein Spiegel und eine Kommode mit sechs Schüben, die auch als Ablage dient. Die Tiefe wird durch den Überstand der Kommode bestimmt, der beim Festsetzen an der rückwärtig angebrachten Leiste beliebig gewählt werden kann. Befestigt wird die Garderobe oben mittels Haltern an der Flurwand und unten per hintergeschraubter Leiste.

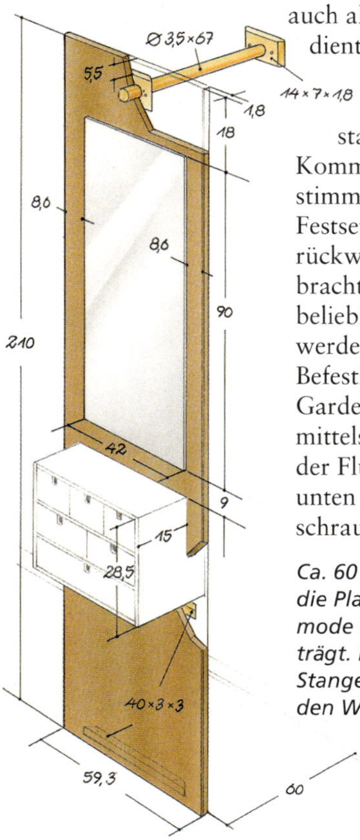

Ca. 60 cm breit ist die Platte, die Kommode und Spiegel trägt. Die Länge der Stange bestimmt den Wandabstand.

Zum Anzeichnen des Ausschnitts wird das Schubkastenelement mit gleichmäßigem Abstand zu den Längskanten aufgelegt.

Nach dem Aussägen und Überarbeiten der Schnittkanten wird die Kommode an einer rückwärtig angebrachten Leiste befestigt.

Zwei Halter aus Holzabschnitten bilden die Lager für die Garderobenstange, einer an der Plattenrückseite, der andere an der Flurwand.

Da ist Musik drin: der **CD-Schrank** mit

Mit Seitenteilen aus MDF-Platten wird aus einer kleinen Kommode ein erwachsenes Möbel, ein CD-Schrank mit 100 cm Höhe.

Die vielen CDs gut untergebracht

Ein Glücksfall ist dieser kleine Schrank mit den acht Schüben. Die Abmessungen der kleinen Laden sind auf das Format von CD-Hüllen abgestimmt, so können komplette Sammlungen in den Schubladen verschwinden. Nicht jeder mag seine musikalischen Schätze offen in Säulen oder Regalen präsentieren – ganz abgesehen davon, daß sie dann regelmäßig Stück für Stück vom Staub befreit werden müssen. Und auch diejenigen, die bisher offene Lagerung favorisiert haben, werden an diesem CD-Schrank mit den lackierten Seitenteilen Gefallen finden. Viel muß hier nicht gebaut werden, der Rahmen mit den versetzten Seitenteilen rund um den kleinen Schrank entsteht aus sechs MDF-Plattenstreifen, je zwei davon werden gedoppelt, d. h. untereinander verbunden. Entsprechend der Einrichtung können Sie auch ein anderes Material wählen, müssen dann aber die Plattenkanten gesondert bearbeiten, z. B. einen Umleimer aufbügeln.

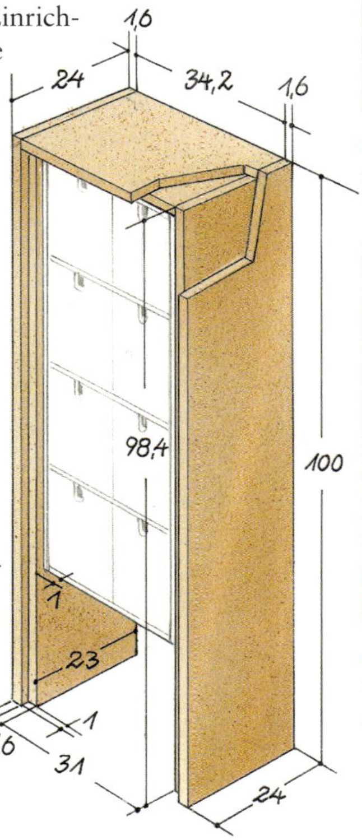

Sechs Plattenstreifen werden zugeschnitten, verleimt und verschraubt; 23 cm breit die inneren, 24 cm breit die äußeren Streifen.

Deckel und Seiten *werden aufgedoppelt, nachdem die Plattenkanten geschliffen sind. Beim Verleimen auf gleichen Randabstand achten.*

Der Schubladenturm *wird auf eine der Seiten geschraubt. Danach den Deckel an das Seitenteil leimen und mit dem Turm verschrauben.*

Die zweite Seite *wird an den Deckel und an den Korpus des Schubladenturms geleimt. Anschließend Kanten bündig schleifen.*

Schöne **Konsole** mit fünf Schüben, einem

Wie ein Band legt sich die dunkle Ablage über die hellen Schubkästen, die über dem Waschtisch die Badutensilien bereithalten.

Alles kommt auf die Trägerplatte

Was wünschen Sie sich in der Nähe des Waschplatzes im Badezimmer? Einen Spiegel ganz sicher, vielleicht noch eine ausreichende Ablage und eine Beleuchtung, die alles ins richtige Licht setzt? Das alles bekommen Sie in diesem Bauvorschlag und dazu noch fünf Schübe, denn auch hier ist wieder einer der praktischen Kästen mit Schubladen eingebaut. Die Beleuchtung übernehmen zwei Lampen in Röhrenform, sogenannte Linestraröhren. Als Trägerplatte dient ein annähernd quadratischer MDF-Zuschnitt, 16 mm stark. Wenn Sie darauf achten, daß die Konstruktion mit etwas Abstand zur Wand montiert wird, ergeben sich eine umlaufende Fuge und Raum für die elektrische Verkabelung. Der Spiegel wird unten durch die Konsole gehalten (eingeschoben zwischen Ablage und Träger), oben an den Ecken mit Spiegelklebeband.

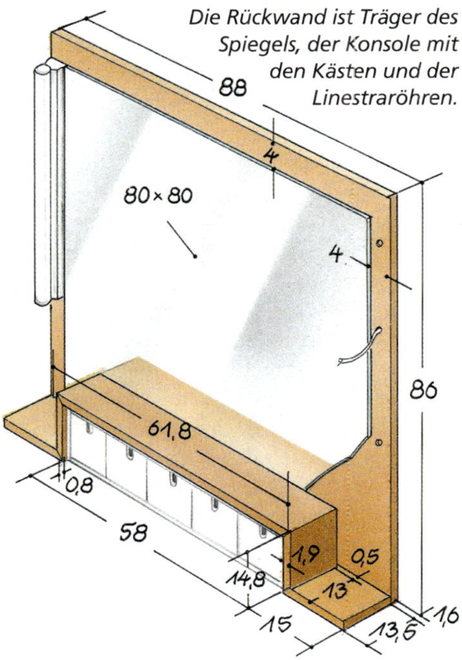

Die Rückwand ist Träger des Spiegels, der Konsole mit den Kästen und der Linestraröhren.

Die Verbindungsecken der Konsole werden auf Gehrung geschnitten. Dazu wird die Kreissäge auf 45° eingestellt.

Die Seitenteile aus MDF-Zuschnitten werden unter Zugabe von Holzleim von innen an den Schubladenkorpus geschraubt.

Die seitlichen Ablagen werden direkt auf die Rückwand, die anderen Teile mit 5 mm Abstand (Spiegel!) nur auf die Ablage geleimt.

Die Minikommode hängt an der Küchenreling.

Der obere Winkel greift über die Reling, der untere sorgt für Abstand. Hergestellt sind sie aus zusammengeleimten Rechteckleisten.

Der „schnellste" Bauvorschlag

Dieser Vorschlag unterscheidet sich in einem Punkt deutlich von den anderen: Die Minikommode wird nicht wie die anderen umbaut, sondern mit zwei Abschnitten einer Winkelleiste ausgestattet, um z. B. an einer Relingstange in der Küche (oder auch im Bad) aufgehängt zu werden. So schafft sie im Greifbereich über der Küchenarbeitsplatte jede Menge Platz für kleine Dinge, die schnell zur Hand sein müssen. Die aus Rechteckleisten zusammengefügten Winkel werden auf der Rückwand des Korpusses befestigt (von innen durch die Rückwand verschrauben), die obere dient als Aufhängung, die untere hält den Abstand.

Stichwortregister

Fotografien: Ariadne Ahrens, Seite 14–21, 54–61, 76–81, 114–124; Jan C. Brettschneider, Seite 15 (1), 50–53, 82–89, 104–107, 110–112; Ferdinand Graf Luckner, Seite 8–12, 22–25, 46–49, 62–64, 90/91; René Lauert, Seite 66–69, 70–75; Marco Moog, Seite 40–45; Petra Stange, Seite 26, 28–33, 34–39, 92–99, 100–103, 108–109.
Zeichnungen: Tillman Straszburger.

rororo selber machen

Die Bücher, mit denen das Schaffen zu Hause mehr Spaß macht.

60300

60317

60305

60309

60310

60312

60318

60316

60319

Ferner liegen vor:

Tapezieren. Streichen. Lackieren.
60301

Fußböden verlegen – Teppich, Holz, Kunststoff
60302

Badeinbau und Sanitärarbeiten
60303

Energiesparen durch Wärmedämmung
60304

Dachboden ausbauen
60306

Küche renovieren und einbauen
60307

Türen, Fenster und Treppen einbauen
60308

Wände und Decken vertäfeln
60311

Einbruchschutz
60313

Rustikale Möbel bauen
60314

Gewässer im Garten
60315